区块链

密码共识原理、产业与应用

刘昌用 胡森森 钟廷勇 袁俊 著

電子工業出版社
Publishing House of Electronics Industry
北京•BEIJING

内 容 简 介

本书是一本以区块链为主题背景，讲解密码共识原理、产业和应用的图书。

全书主要内容共分为 9 章，其中第 1 章讲解了区块链和密码共识的关系；第 2～3 章主要讲解了密码共识的核心、重要的技术演进，如分布式账本、工作量证明、智能合约、侧链等内容；第 4～5 章讲解了密码共识的资产谱系和产业生态，如密码货币、开发平台、各种应用流通产业等内容；第 6～7 章讲解了密码共识的基础设施建设，如货币、开发平台、操作系统和文件系统等内容；第 8～9 章讲解了密码共识在金融保险领域、信息存证领域和物流、物联领域的应用，如跨境结算、供应链金融、个人征信、会计审计和物流系统、物联网等内容。

全书用生动的语言和精彩的案例将区块链的理论和应用娓娓道来，贴合当前行业发展现状，为该行业的快速发展贡献自己的力量。本书不仅适用于学习区块链知识的入门者，相关行业从业人员，也适用于互联网行业从业人员。

图书在版编目（CIP）数据

区块链：密码共识原理、产业与应用 / 刘昌用等著. —北京：电子工业出版社，2019.1
ISBN 978-7-121-35149-5

Ⅰ. ①区⋯　Ⅱ. ①刘⋯　Ⅲ. ①电子商务－支付方式－研究　Ⅳ. ①F713.361.3

中国版本图书馆 CIP 数据核字（2018）第 225737 号

责任编辑：刘　伟
印　　刷：三河市双峰印刷装订有限公司
装　　订：三河市双峰印刷装订有限公司
出版发行：电子工业出版社
　　　　　北京市海淀区万寿路 173 信箱　邮编：100036
开　　本：720×1000　1/16　印张：17.25　字数：304 千字
版　　次：2019 年 1 月第 1 版
印　　次：2019 年 11 月第 3 次印刷
定　　价：69.00 元

凡所购买电子工业出版社图书有缺损问题，请向购买书店调换。若书店售缺，请与本社发行部联系，联系及邮购电话：（010）88254888，88258888。

质量投诉请发邮件至 zlts@phei.com.cn，盗版侵权举报请发邮件至 dbqq@phei.com.cn。

本书咨询联系方式：（010）51260888-819，faq@phei.com.cn。

序言 1
密码技术是密码货币和区块链的基石

朱嘉明　经济学家

从全球范围来看，比特币和区块链技术广泛传播的历史不足十年。在中国，探讨和实践密码货币和区块链的起步时间比国外晚了一两年，却很快形成了以“80 后”，甚至“90 后”为主体的，有区分也有交集的“币圈”和“链圈”。在中国的密码货币和区块链群体中，刘昌用算作“70 后”，却是一位佼佼者。这本《区块链：密码共识原理、产业与应用》，凝结了昌用和他的合作者对密码货币和区块链原理的深入探索和独立思考。

正如书名所言，“密码共识”是这本书的核心所在。昌用认为，“区块链”实为一种新的经济组织模式，其精髓在于分布式共识，而分布式共识得以实现的关键在于非对称密码技术。为此，他将这种新的经济组织模式称为“密码共识机制”，简称为“密码共识”，并将其定义为：由密码技术和分布式共识实现的大规模、去中心化的经济组织模式。至于人们常说的“区块链技术”，只是实现分布式共识的技术之一。所以，作者在本书中多以“密码共识”代替“区块链”。

那么，密码共识机制是如何影响和派生出密码货币、通证，甚至无币区块链的呢？可以用昌用 2018 年在重庆的一次研讨会所使用的框架图阐明，如下图所示。

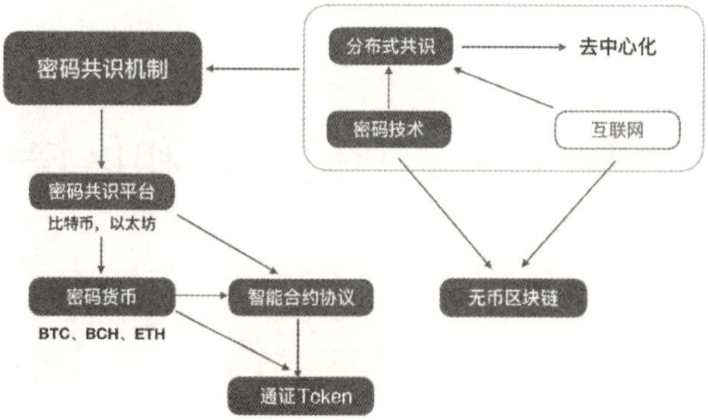

应该说，昌用的这个框架图是清晰的，是符合密码货币和区块链的历史演进过程的。不仅如此，根据这个框架图，可以清楚地看到密码技术至关重要和不可替代的地位：没有密码技术，自然就没有分布式共识，没有密码共识机制，没有密码共识平台，更没有包括 BTC、BCH 和 ETH 在内的密码货币。在这个框架下，对 Token 的理解应该是密码货币通过智能合约所演变的一种特定形态。

当下，人们普遍对密码技术缺乏足够的认知，这不仅无法推进密码货币和区块链的技术进步，而且会导致密码货币和区块链的异化和退化。

2008 年 11 月 1 日，以中本聪匿名方式所问世的比特币第一篇论文《比特币：P2P 电子现金系统》就是通过密码朋克主导的密码学邮件列表发布的。中本聪实现了密码学、网络技术和货币学的巧妙结合，基于区块链的设计，创造了在无中央控管的情况下，避免双重支付，实现可被信任价值交换机制的比特币。两个月后，2009 年 1 月 3 日，首个实现了比特币算法的客户端程序进行了首次采矿，获得了第一批的 50 个比特币，标志着比特币代表的密码货币生态的诞生，成为 21 世纪以来经济领域的重大历史事件。而这个事件的基础技术是密码技术，核心原理则来自密码学。

要理解和认知密码技术，知道以下三点是必要的：

第一，密码技术源于密码学，密码学源于数学。现代密码学以数学为基础，特别是数学分支之一的数论，它彻底突破了基于语言学的古典密码学的局限性。不仅如此，现代密码学还有效借助计算机的强大算力，通过不同的输入参数来进行加密和解密，这个参数就被称作密钥。密钥可以分为对称密钥和非对称密钥。讨论非对称密钥，就应知道 1977 年问世的 RSA 非对称加密算法的历史地位。所谓 RSA 非对称加密算法，就是对极大整数做因子分解，其难度决定了 RSA 算法的可靠性。到目前为止，世界上还没有任何可靠的攻击 RSA 算法的方式。RSA 在技术上的贡献集中在提出系统的“公钥”与“私钥”原理。RSA 算法申请专利已经是 6 年之后的 1983 年。至于哈希函数，在密码学中的作用主要是对整个消息的完整性进行校验，包括消息摘要和签名。但是，哈希函数说到底是个数学问题，有着直接联系的是素数理论。Merkle 树因为与哈希函数的内在联系，也是数学问题。所谓的拜占庭将军问题的本质，更是一个数学问题。在这样的意义上，可以试图用数学语言将区块链描述为以数论为基础，通过哈希函数实现的一种复合函数构造。总之，因为密码学源于数学，所以密码技术的本质是数学问题。

第二，密码朋克（Cypherpunk）：密码技术的普罗米修斯。直到 1976 年，密码技术为国家垄断，被限于军事和情报领域。1976 年，在密码技术领域发生了两件大事，其一，美国国家标准局（NBS）公布了《数据加密术标准》；其二，惠特菲尔德 · 迪菲和马丁 · 赫尔曼出版了《新密码技术指南》，即第一部关于密码技术的公共出版物。从此，密码技术进入民间视野，成为被关注和争论的重大课题。密码技术无疑有着双重作用：既可以用来保护个人的隐私、政府与企业的秘密，也可以被罪犯用来隐藏他们的方案或者利益。进入 20 世纪 80 年代，终于形成密码朋克群体，他们发布了著名的《密码朋克宣言》，从此，密码朋克围绕密码技术，讨论了诸如数学、计算机技术、政治、法律和哲学等相关课题。在比特币诞生之前，创造了基于密码技术，匿名和独立的密码货币，同时保护买家和卖家的隐私。中本聪或者“中本聪们”就是密码朋克成员，这似乎从来没有争议。可以看到，密码朋克从诉诸密码技术实现对个人隐私保护，最后演变到追求基于密码技术的新型货币，存在着理念的一贯性。所以，密码技术是密码货币的基因。总之，密码朋克成了将密码技术全面转入民间的普罗米修斯。

第三，密码技术是重建人类经济体系的基石。人类经济体系的持续复杂化是不可逆转的。在复杂化的过程中，最难以解决的是人与人之间的相互信任。在过去数十年间，人们做了持续的相关科学技术研究和创新，例如信用卡，但终究有这样那样的缺陷。密码技术，以及密码货币和区块链引用了公钥和私钥，是革命性的创新。其中，所谓的私钥就是不可更改的数码。从此，人与人之间的信任，不再是期望如何实现对方信任自己，而是基于私钥实现对自己利益的全面保护。从这个意义上说，密码技术通过区块链构建了新的信用体系。这正是比特币最重要的原则：即比特币种体系不需要建立在交易双方相互信任的基础之上。密码技术对经济体系的贡献并没有到此为止，根据昌用的密码共识机制框架，“私钥是密码共识系统中个人最重要的秘密，一旦失去私钥就是失去了权力。”这是相当重要的观点。私钥是未来从个体或者其他主体的身份，一直到这个个体或者其他主体对财富拥有权力的证明工具，甚至是唯一的工具。

现在，可以重新讨论本书作者所诠释的密码技术、密码共识机制、区块链之间的关系了。在本书中，有这样一段比较重要的话，“非对称密码技术是把分布式账本这个数字系统跟现实的人结合起来的关键，让掌握私钥的个人或组织有了数字身份，并且能够通过签名和验证进行数字授权，这是分布式共识成为真正经济系统的关键。为此，我们不再将这项机制称为区块链，而是称为密码共识机制，或简称密码共识。区块链只是其中一个并非最重要的环节而已。”从这段文字中，可以得到的结论是：其一，密码技术主要是指非对称密码技术，而非对称密码技术集中体现为私钥，所以，密码技术可以归纳为私钥；其二，私钥代表个人或组织有了数字身份和数字授权，所以，私钥是经济系统的关键所在；其三，区块链仅仅是密码共识机制的一个环节。

2018 年 8 月 24 日

于山西盂县

序言 2
区块链与市场经济

晏智杰　北京大学教授

刘昌用博士的这本书，将区块链的本质归结为密码共识机制，并对密码共识所涉及的理论和实践进行了全面深入的论述和分析，包括密码共识基本原理、主要技术及其功能，迄今为止的主要应用及其前景等。本书包含着对区块链原理和技术的深层次探讨，其中最富有创意的是，将区块链归结为一种新型的社会经济组织，突破了一直以来认为区块链是单纯技术的观点和视角，从而大大拓展和深化了区块链社会经济内涵的认知。本书又是作者及其团队近年来面对广大听众所做的卓有成效的普及教育经验的总结，带有明显的教科书式的风格和色彩，具有很强的可读性和吸引力。可以预见该书面世一定会受到专业工作者和广大读者的重视和欢迎。

刘昌用从北京大学经济学院获得博士学位、走上教学研究的新岗位，已经十年有余。他一步一个脚印，取得今天这样的成绩，绝非偶然。读博期间，他就一再显示出求真务实、不懈追求的精神，不满足于既有的知识界限，善于另辟蹊径去思考和解决那些疑难问题。善于从哲学角度和高度提出和思考问题，也是他学习和从事研究的一大特点。他这些优点如今又在区块链上开花结果，令人欣喜万分！我相信他会继续本着“勤奋、严谨、求实、创新”的北大精神，不断取得更大的成就。

对于比特币和区块链，我虽然早有所闻，但一直没有深入探究。大半年前刘昌用博士对比特币和区块链的一番解说和议论，引起我对该项技术的浓厚兴趣。此后我陆续阅读了几本相关的书，起初只涉及比特币，而后是区块链，从区块链 1.0 到区块链 2.0，甚至区块链 3.0 等。对其所涉及的数学解法和技术，我已经没有了钻研的精力和能力，但随着阅读的深入，对其社会经济的内涵和意义有了一些领悟。我感觉正确理解和掌握区块链与市场经济之间的关系，可能是一个关键。但我毕竟是一个初学者，更没有区块链的实践经验，这些感悟是否合乎实际，是否真有意义，的确没有把握，权且冒昧以之作为刘昌用博士大作的序言吧。

首先，早有作者指出，中本聪的比特币论文在 2008 年提出，此人在第二年首创比特币体系，与当时的经济形势，特别是 2008 年爆发的金融危机，其背后有着强烈的历史和逻辑联系，虽然它们看似是两个孤立的事件。我以为这种说法不无道理。我们知道，那场危机再次暴露出一直以来各国传统的货币制度固有的弊端，一个是政府垄断，另一个是货币不稳定。面对危机，在传统的货币制度下，除了实施量化宽松政策，扩大政府投资并强化对经济的干预之外，人们似乎并无其他更有效的复苏经济的办法。这些办法虽能在短期内取得一定成效，但却不可避免地推动了全球范围内的通货膨胀。正当其时，出现了中本聪的比特币及其区块链技术实践，这些东西的突出特点恰好就是能够或者有助摆脱传统货币制度的上述两大弊端。你怎么能够说，它们之间没有内在的必然联系呢？

即使说两者没有直接的关联，至少也要承认传统的货币制度所面临的困境催生了比特币这类数字货币的出现和区块链技术的发展。或者说这些新技术的出现和发展，顺应了市场经济发展的需求。事实上，从历史的角度来看，最初的交换媒介或一般等价物的出现，就是为了克服实物交易在时间、空间和人身上的不便和困难。而这种媒介和一般等价物的不断发展和演变，从商品实体到金属，从各种金属到金银，从金银币到纸币，以至于纸币又经过漫长而曲折的演变，直到二次大战后形成以美元为中心的世界货币体系，无一不是应对了市场经济发展的需要。可以说，克服市场交易的困难，应对市场经济发展的需求，是货币制度发展演变的一条法则。我们还可以说，20 世纪 70 年代初，美元与黄金脱钩，结束了战后的布雷顿森林体系，既为以美元为中心的货币制度留置了空间，其实也预示了它的局限性。2008 年金融危机表明货币制度似乎遇到了其本身难以解决的困难。比特币这类数字货币和区块链技术的出现，合乎货币制度发展演变的逻辑，也符合世界经济发展的必然趋势和潮流。

其次，人们指出，比特币和区块链的出现，验证了哈耶克的观点和主张。哈耶克，作为 20 世纪的自由主义经济学家和思想家，在货币理论和政策主张上也有他一以贯之的观点和主张。我们知道，关于经济衰退和危机的根源，哈耶克与凯恩斯的观点一直是对立的。凯恩斯认为根源在于有效需求不足，为此他主张增加投资，如果私人投资不足，即应依靠政府投资（主要是增加财政支出），以摆脱危机，恢复和发展经济。哈耶克则认为，货币投资过度恰恰是经济衰退的根源，因为这会破坏较高生产阶段和较低生产阶段之间的均衡，从而造成经济衰退。他指出，如果投资的增加来自自愿储蓄，旧的均衡就会被新的均衡所取代。因为这意味着增加投资是以自愿储蓄（即自愿减少消费）为代价的，就整个社会来说，又会建立新的生产结构和新的均衡，只是调整了较高（生产资料生产）和较低生产阶段（消费品生产）之间的比例。然而，如果投资扩张是通过银行信用扩张而来的，那结果就可能不一样了。这种投资扩张不是来自人们的自愿储蓄，而是来自银行的信用扩张，此时人们的消费意愿并没有减少，所以当这种投资带来新增收入时，人们宁可将其完全消费掉，而不愿将其储蓄下来再行投资，于是就会出现较高生产阶段的资本短缺。资本短缺势必引起较高生产阶段的萎缩和萧条，可见整体经济均衡的打破正是货币过度投资的结果。此外，这种资本短缺还会因为生产成本和利率上涨而加剧。

到了 20 世纪 70 年代，石油危机引发西方国家经济衰退，美英等国依据战后主流经济学的主张，即凯恩斯主义，以增加信贷投资来增加就业、恢复经济。未曾想这样一来又引起严重的通货膨胀。为了遏制通货膨胀，又依据货币主义和供给学派的主张，减少或控制货币供给增加或减税以刺激供给。面对这种不知所措的严重局面，哈耶克不仅重申了他先前的“货币信贷过度是危机根源”的理论，而且进一步提出了相关的货币主张。他个人认为货币应该像其他商品一样，允许企业自行发行，在各种货币的自由竞争中优胜劣汰，这样便可满足对交换媒介的需要，同时又可避免通货膨胀。退而求其次，可以恢复“金本位制”，以黄金为本位币，但它仍不如自由发行来得好。

哈耶克的货币非国有化的理论和主张，改革开放以前，在中国学术界不受重视或被批判。改革开放以后，人们的看法渐渐发生了变化，及至比特币和区块链出现之后，更是发生了某种转变。的确，比特币的应用和区块链这种新技术的实施，在一定程度上印证了哈耶克的理论和主张，揭示了传统货币制度的弊端。可以说，在一定意义上，哈耶克是新型货币的预见者。然而，也不能极端化，毕竟哈耶克的思想和主张，没有超越实体货币的范畴，而比特币和区块链属于虚拟货币和数字经济的范畴。还有，哈耶克生活的年代，还没有出现互联网和大数据这类新时代的新工具，而离开这个新时代，也不会有比特币和区块链这样的新事物。

再次，就比特币和区块链的本质来说，也与市场经济的本质如出一辙。比特币追求去中心化，区块链也通过一系列相关技术来实现去中心化。这些技术的基本特征是分布式共识，其核心技术是非对称式密码。我们知道，计划经济的本质是政府对经济生活的支配和垄断，这种垄断通过生产资料公有制、计划经济制度和按劳分配加以实施，强制性的中心化是其本质。而市场经济的本质恰好就在于破除这种垄断，让市场在资源配置中起决定性作用，也就是说，在经济资源配置、经济管理制度和收入分配制度等领域，要依靠市场供求关系的调节。

市场经济本质上的去中心化，正是区块链的密码共识得以产生和实现的客观环境，也是它得以发展的动力。没有无边界的流通方式，没有无中心的公共信息平台，也就没有区块链。一般认为区块链 1.0 是以数字加密货币为典型应用的区块链初级发展阶段，主要应用包括比特币、莱特币等。它们提供了区块链的基础平台和基本应用开发模式，但功能较为单一，只能履行支付等简单应用。

区块链 2.0 则以智能合约为典型应用，通过把计算数据记载在区块链上，实现了数字化合约的可信存储和执行，从而实现多业务系统的协同工作，并将区块链功能扩展到其他金融领域，包括数字资产交易、金融交易、众筹、公司管理、制造业、保险业、银行业和物联网等应用。当然，去中心化也不是任何经济行为和组织都需要的，它实际上更适用于大规模的经济模式，实现高效率和低成本的有机结合。同时，通过数字货币市值的低可控制性的大幅涨落，去中心化也不是万能的。

人们还在谈论区块链 3.0。区块链的去中心化这一本质特点，使其能够从根本上减少组织形态之间的摩擦并且提高效率，从而为将区块链推行到更广阔的领域提供了可能。这当然有待于探索更成熟的实现形式。

然而，事情还有另一方面。以自由竞争为基础的市场经济必然需要科学有效的宏观调节，以解决市场失灵的问题，这主要是指市场经济极易导致经济发展不稳定，甚至出现衰退和危机。还包括完全竞争条件下极易出现收入分配不公和两极分化的问题。解决这些问题就需要政府宏观调节。这种情况在区块链的发展中也同样出现了，通过区块链而不顾道德地追求私利的做法也是不可取的，它们都不符合区块链设计的基本目标，需要政府加以引导、规范和管理。

最后，各国政府对区块链采取何种态度，以及区块链的前景究竟如何，这在很大程度上取决于市场经济发展的程度，取决于政府对市场经济的宏观调控与战略规划。

我国经过 40 年改革开放，社会经济发生了翻天覆地变化，取得了举世瞩目的巨大成就。但我们的经济体制改革还没有到位，还存在着许多亟待解决的问题。因此，单单从推进区块链这样的先进技术和数字经济发展的角度来说，也一定要坚定地支持中国经济制度改革的方向，让市场在资源配置中起到其应有的作用，同时赞同和支持政府对经济生活的科学有效地实施宏观调控。

我们希望并且相信，中国特色社会主义事业一定有光明的前途，社会主义市场经济制度必定会在中华大地上落地生根，作为市场经济产物的区块链技术，也一定会在这个历史潮流中发挥其重要的作用。

2018 年 8 月 22 日

于北京大学

前言

呈现在读者面前的这本书完全是市场推动的产物。2017 年以来，区块链资产和区块链应用的爆发掀起了全球范围内对区块链的关注，渴望深入了解区块链的人越来越多。为此，在多年密码货币和区块链研究与科普经验的基础上，我们在重庆、深圳、佛山等地前后开展了 6 期区块链课程班，结合多年实践经验为来自各领域的学员系统讲授了区块链知识。

我们的课程内容系统深入，操作性强，获得了学员的高度评价，不少学员已经开始了自己的区块链创业。但是，我们也面临一个重要问题——短期课程内容精练，缺乏系统的材料用于复习巩固。由此，我产生了编写一本教学辅助材料的想法。此时，电子工业出版社刘伟老师在巴比特网上看到我以往的科普文章，专门找到我，希望能够出一本较系统的区块链科普书籍，我们由此一拍即合。

在本书出版之前，市场上已经有了很多区块链书籍，其中不乏有深度、通俗易懂的优秀作品。但是，我没能找到符合课程需求的书。我们的课程要在较短时间内，结合案例，让来自各个领域的学员对区块链的基本原理、历史沿革、产业生态、应用逻辑、政策环境等有系统的理解，并且学完能够很快地进入实践。

现有区块链书籍偏技术的难以理解，易于理解的常常不够深入。内容上深入的往往不够全面，内容全面的各部分又相对独立，缺乏系统性。毕竟，区块链是一个全新的技术组合和经济组织模式，知识体系仍在探索之中。组织起一个系统、深入、又通俗易懂的知识体系十分困难。多年的研究、科普、实践和授课经验让我们能够做这样的尝试，但难度也确实比想象之中大很多，这导致交稿时间推迟了一些时间。

本书共 9 章，可以分成四个大的部分。第一个部分是第 1 章区块链与密码共识。这部分篇幅不大，但对于理解区块链的性质，进而理解全书至关重要。因为在“区块链”这个基本概念上存在严重的误用和普遍的误解。所谓“区块链技术”实际上是一种新的经济组织模式，其关键在于，用非对称密码技术与分布式共识实现了大规模去中心化的经济活动组织，称为“密码共识”或“密码共识机制”更恰当。“区块链”只是实现这种新经济组织模式的一系列技术中的一项。但是，区块链确实已经被广泛用来指代这种新的经济组织模式及其相关技术了，我们在行文中仍采用大家熟悉的区块链来表述。

第二部分包含第 2 章密码共识的核心技术和第 3 章密码共识的重要技术演进，先以比特币为例深入浅出地解释密码共识机制的实现技术和实现方式，进一步介绍权益证明机制（POS）、委托权益证明机制（DPOS）、智能合约、侧链、DAG 等技术进展。理解了这些技术，能够方便地理解目前绝大部分区块链项目的基本实现逻辑。

第三部分包括第 4 章密码共识资产谱系和第 5 章密码共识产业生态。前者侧重于从历史维度梳理比特币出现以来技术和产品演进的基本路线，了解在此过程中产生的各种密码共识资产及其相互关系。后者侧重于从产业结构和生态构成的角度，梳理开发、矿业、钱包、交易所、汇兑商、资讯、教育等密码产业环节的基本情况。通过这部分内容，使读者对区块链行业的发展与现状有整体的把握。

第四部分包含第 6～9 章，主要介绍区块链或密码共识在国民经济各领域的应用。其中，第 6 章介绍密码共识在货币、开发平台、文件系统等密码经济基础设施方面的应用。第 7～9 章则分别介绍密码共识在金融保险、信息存证、物联物流三大领域的应用，这三大领域涵盖了当前绝大部分区块链应用，篇幅所限，我们也只能以少数案例做简单的介绍，重要的是理解密码共识在这些领域应用的基本逻辑。

书稿完成后，经济学家朱嘉明先生和我的导师晏智杰先生对核心部分提了意见，并做了重要的序言，嘉明老师指出密码技术是重建人类经济体系的基石，晏老师指出区块链对我国市场经济改革具有重大意义，这些是本书未能达到的高度，也让我深受激励。两位业内老友吴忌寒和长铗百忙之中为本书做了推荐。感谢两位老师，两位老友！感谢钟廷勇博士、胡森森博士、袁俊老师、陈影老师、门华老师，以及我的学生和朋友宋士超、胡怀亓、蓝婷、曾玲玲的贡献。也感谢编辑刘伟老师的细致工作，以及各期线下课程学员的大力支持！

本书的形成既是编写的过程，又是研究的过程，是结合多年的思考和实践，对基本问题有了独立认识之后，才能够结合现有文献，一以贯之地组织起系统的内容。不过，由于时间有限，密码共识也是全新的事物，实践变化也非常快，本书还只能对区块链和密码共识的理论问题给出基本的判断，借此系统总结和展示实践，更多的理论问题有待进一步研究，争取有更系统的阐述。

新的实践需要知识的辅助，我们不能一直等待知识的成熟，只能尽我们所能把自认为可靠的知识呈现出来。希望读者不要把本书的内容当作“正确”的定论简单记忆套用，而是尽量自己结合实践去理解和思考，如有新的认识或批评意见，欢迎联系我们（微信：lanting1217，Email：18883314488@163.com），或者关注我个人的新浪微博“昌用老师”，微信公众号“changyongBC”。我们一起研讨，把对密码经济的认识一步步向前推进。

轻松注册成为博文视点社区用户（www.broadview.com.cn），扫码直达本书页面。

- **提交勘误**：您对书中内容的修改意见可在 提交勘误 处提交，若被采纳，将获赠博文视点社区积分（在您购买电子书时，积分可用来抵扣相应金额）。

- **交流互动**：在页面下方 读者评论 处留下您的疑问或观点，与我们和其他读者一同学习交流。

页面入口：*http://www.broadview.com.cn/35149*

目录

1

区块链与密码共识

1.1 区块链与密码共识

区块链（Blockchain）是什么？这不仅是初学者首先问到的问题，也是许多从业者多年摸索之后仍不时自问的问题。人们用“区块链”一词所指代的东西，很难从字面上理解，在不同的场合意义有所不同，有时指一种数据库结构，有时指一种信任机制，有时指一种社会组织模式，甚至有时指一种意识形态。

然而 2017 年以来，人们对区块链的理解、讨论和应用已经远不止数据记录、计算机技术和协议。人们发现它在国民经济（如货币体系与货币政策）、产业组织（如金融证券业产业构成）、企业管理（如股权管理与财务管理）等领域都能产生重要影响。而经济领域的变化又会进一步引起法律、政治和社会结构的变化，直至影响到哲学和社会意识层面。实际上，2017 年的比特币扩容之争和 2018 年的公链大战中已经充分反映了大家对于区块链在哲学层面的认识分歧，如图 1.1 所示。

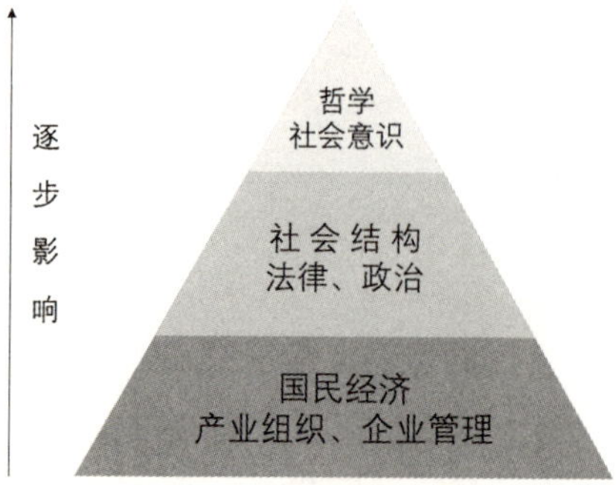

图 1.1 区块链的影响

所以说，区块链不只是技术现象，也是经济、法律、政治、社会、文化现象。正因为如此，它才引起了如此广泛而深入的社会影响。理解区块链不能够停留在技术层面。

尽管区块链影响广泛，但目前的发展阶段仍然处于早期，其最终形态和在各领域产生的具体影响都还有待探索、实践、总结和反复验证。现阶段对区块链做出公认的、权威的定义十分困难。但为了开始学习区块链，我们仍需要一个尽可能准确反映其性质和特征，并且能够延伸至人们的各种理解的定义。

考虑到区块链影响的广泛性，我们建议先从经济层面进行界定，原因是经济是社会生活的核心，向下可以检验和激励技术进步，向上能够推动法律、政治、社会和文化等上层建筑的相应调整。从目前区块链在经济领域产生的实际影响和技术特征产生的经济功能来看。

区块链是由一种技术实现的大规模、去中心化的经济组织模式。

1.1.1 区块链是一种经济组织模式

区块链引起广泛的关注在于它改变了许多领域的原有经济组织模式。比如密码货币在货币发行与流通中使得银行体系的核心作用下降，央行、商业银行和用户之间的组织方式发生重大改变。在以太坊 ERC20 代币系统中，区块链又全面改变了证券发行方、各级参与者和监管方之间的组织模式。虽然带来了一些问题，但是也提高了证券发行的流通效率。人们现在探索区块链在经济领域的应用，本质上也是在寻找利用区块链调整或创新原有的企业、产业、区域的经济组织方式，寻找降低成本、提高收益的新途径。将区块链作为一种经济组织模式，向下可以延伸到它的实现技术，向上可以拓展到对社会组织和社会意识的影响，这样更容易理解区块链带来的复杂社会影响。

1.1.2 区块链是一种去中心化的经济组织模式

从区块链产生的应用来看，这种经济组织模式的一个重要特点是去中心化，即减少经济系统对少数中心单位的依赖。比如，在密码货币系统中，区块链技术大幅降低了央行和主要商业银行对货币发行、流动范围和流通速度的决定性作用，使各种微观主体能够参与货币的开发、发行、记账、验证等几乎所有环节；在互联网领域，区块链的应用可以减少信息传输对少数域名解析机构和大的数据节点的依赖。在后面的技术原理部分，我们将看到，支撑区块链的几项关键技术就是为了实现去中心化才用到的，而这种去中心化所产生的相互信任和个体激励也是绝大多数区块链应用相对传统应用更有优势的地方。

1.1.3 区块链适用于大规模的经济活动组织

相对于中心化的组织模式，区块链所实现的去中心经济组织是有代价的。它需要更多的冗余信息，更多的时间和资源以便达成共识。比如现有货币系统只需要各银行存储和验证自己的交易记录，而密码货币则要在上万个节点上存储和验证相同的交易记录，以便相互制约，实现去中心化，这额外增加了巨大的成本。之所以密码货币能够活到现在，并且产生广泛影响，是因为在货币这个大规模的经济系统中，区块链减少了货币对各国银行体系的依赖，大幅降低了银行体系维持成本、各国法币的汇兑成本，以及通货膨胀对经济的负面影响。这些成本的降幅巨大，足以抵偿上万个节点存储和验证交易记录所增加的成本。对于小规模的经济组织，比如一个家庭或一个企业就不需要去中心化了，因为中心化决策的效率会更高一些。

1.1.4 区块链由一组技术实现

区块链在 2009 年 1 月 3 日它的第一个应用——比特币中出现，为人类提供了在大规模的经济活动中实现去中心化新组织模式的可能，并且比以往的中心化模式更加高效。这归功于比特币创始人中本聪对一系列技术的组合，这些技术包括哈希函数、分布式账本、区块链、非对称密码、工作量证明（或其他证明机制）、智能合约等，如图 1.2 所示。就单独各项技术而言，都不是首创，甚至已经被广泛使用。比如关键的非对称密码算法早在 1976 年就由 W. Diffie 和 M. Hellman 提出了，而 2003 年 Bram Cohen 发明的 BitTorrent 协议就实现了分布式点对点的组织模式。但是，中本聪在设计比特币的时候巧妙地将这些技术组合在一起，就实现了极具拓展性的经济活动组织新模式。

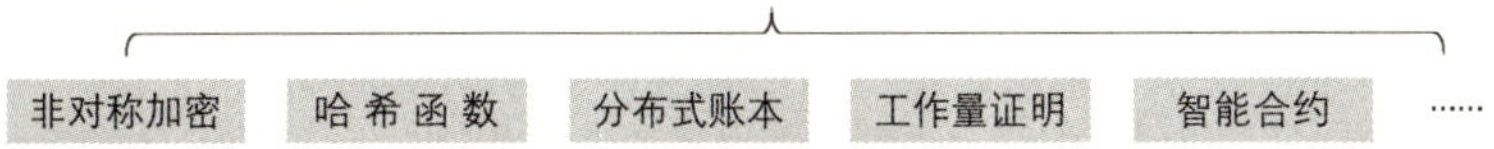

图 1.2　区块链的相关技术

由此来看，区块链不仅仅是一种技术创新，还是一种制度创新，是通过新的技术组合实现的经济组织模式的重大创新。其技术创新和制度创新的重大意义被社会各界逐渐认识，才有了区块链热潮。

1.2 对区块链的常见误解

由于区块链包含多项技术，又涉及技术、经济、社会等多个层次，目前仍处于发展的初期，所以有很多不同的理解，包括一些较为普遍的误解和认知混乱。

1.2.1 把狭义的“区块链”技术等同于区块链这种经济组织模式

正如维基百科对区块链一词的定义，“区块链”一词有特定含义，“区块”指的是包含一段时间发生的交易数据包，“链”是通过后一个区块通过哈希函数嵌套前一个区块，由此形成的连续积累的数据链称为“区块链”，这是一种数据结构，如图 1.3 所示。但“区块链”一词更多被用来指代一种新的经济组织模式，或者实现它的一系列技术，这就经常引起误解。比如有人在研究了通过哈希链接数据块的狭义区块链技术后，发现这种数据结构效能太差，从而判断区块链毫无用处，是一种技术倒退。这是未能理解区块链的多层含义的结果，有断章取义之嫌。

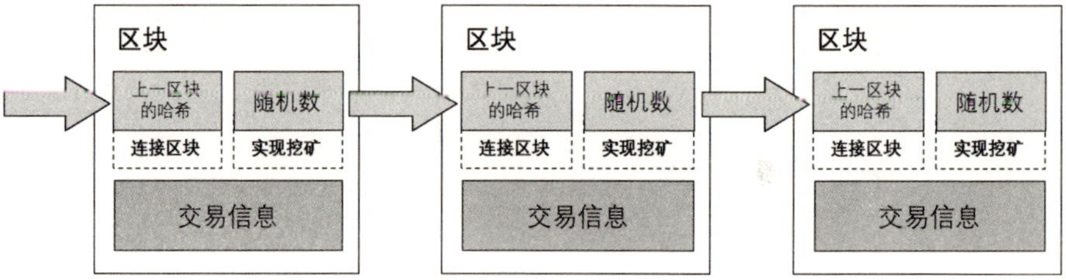

图 1.3　由区块形成的数据链

1.2.2 把区块链技术的局部运用等同于区块链这种经济组织模式

容易产生认识混乱的另一种情况是，就区块链这一组技术而言，它适合于解决大规模、去中心化的经济组织问题。但是，构成这组技术的个别或几项技术也可以在经济的不同层次或领域独立使用。比如哈希函数和非对称密码可以单独用于企业管理、个人授权、信息公证等方面，也能提高效率。人们经常把这些应用也称为区块链应用，这造成两种误解。

一种误解认为区块链相关的技术能够应用在很多方面，就乐观地认定区块链无所不能，几乎人类经济活动的所有领域都能用区块链革新。实际上很多局部的应用只能是一种技术上的改进，不少技术在区块链出现之前就已经广泛应用，称不上区块链革新。

另一种误解则认为去中心化并不是区块链的重要属性，中心化的问题一样可以采用区块链来解决。就区块链的某些技术应用而言，的确不一定能实现去中心化，但作为一种经济组织模式而言，去中心化是区块链的核心优势所在，也是区块链技术组合实现的主要功能。

1.2.3 强调区块链的技术属性而忽视其经济、社会与文化属性

这是目前最为普遍、影响也最大的误解。这种误解仅仅把区块链当作一种技术，归为计算机或密码学的研究和应用范畴，一般用“区块链技术”指代它。我们现在看到的对“区块链”一词的界定普遍是这种技术定义。把经济属性纳入其中的很少，深入到社会文化层面的就更少了。在实践中表现如下。

（1）注重研究技术性能，忽视经济分析。比如在设计或分析区块链项目时过度追求前沿复杂的技术创新和实现，忽视经济逻辑的检验。

（2）重视代码开发，忽视市场推广和社区建设。许多早期项目团队主要甚至全部是程序员，专注于代码开发，忽视项目的市场应用、推广和检验，不少一开始很具有技术创新性的项目在市场竞争中逐渐销声匿迹。

（3）尊崇代码开发者，忽视经济、法律、政治和社会等领域的意见。比如在比特币（BTC）的扩容之争中，Bitcoin Core 开发团队决定的技术路线与市场需求的快速增长发生矛盾，开发团队的绝对影响力主导了发展方向，最终少部分注重市场需求的支持者分裂出比特币现金（BCH）。

这种误解产生的主要原因在于，多数早期区块链生态的核心群体由技

术人员构成，在项目的推进和生态的拓展中，技术人员也起到了决定性作用，从而在社区中享有很高的威望，而代码开发工作也使技术人员具有对项目的实际控制力。但是，随着项目逐渐融入市场和主流社会，项目发展会遇到更多的经济、法律、政治和社会问题，这就需要相关领域人士进入项目决策和社区核心。2016 年以来，整个区块链领域就处在这样的转换期之中，在权力结构和社群结构的转换尚未完成之前，这种误解仍会普遍存在。

1.2.4 夸大区块链去中心化的作用和影响

这种误解带有一定的乌托邦和无政府主义色彩，认为区块链，尤其是分布式共识从技术上实现了去中心化形式，从而可以在人类生活各领域实现去中心化，能消除企业垄断、政府干预、大国霸权等。这在比特币发展早期的极客群体中具有重要的影响。他们更加强调比特币的抗审查性、匿名性和独立个体参与，使得比特币在进入主流经济社会的过程中，与各国的监管体制和主流意识发生尖锐摩擦，阻碍了区块链技术和密码货币的发展和推广。这也是比特币扩容之争僵持不下的原因之一①。

这种误解的另一种表现是高估了去中心化的适用范围，试图用区块链改造各种商业活动。比如试图为各国银行提供跨国金融服务的区块链项目 R3 在花费大量资金和时间之后，宣布“我们不需要区块链”，而改用中心化的技术实现其目标。现在也有许多区块链项目在对企业原有商业领域进行区块链改造的推进过程中发现，经济效率并不能提高，不少项目因此而终止。

由此看来，去中心化不是万能的，需要理性看待“中心化”和“去中

① 参见刘昌用《扩容之争与比特币的政治经济前景》。

心化”两种经济组织模式。这两种模式并无天然的优劣之分，不同的经济活动应当采取中心化还是去中心化的组织模式，关键看哪种更有效率。在家庭、企业、政府、军队等组织中，中心化能够大幅降低组织成本，提高决策效率，在市场机制中，去中心化促进了竞争，提高了整体效率。随着技术的进步，比如区块链技术的出现，企业或政府的部分原本以中心化方式实现的职能改用去中心化的方式实现更有效率。就可以通过制度创新去调整适应，与此同时，企业和政府可以节约出更多的资源将仍然需要中心化方式完成的职能做得更好。

因此，不应将“中心化”与“去中心化”对立起来，不应将区块链及其应用同政府和大企业对立起来。应当在政府和大企业的积极参与下探索区块链促进社会经济发展的有效途径。

1.3 “区块链”应称为“密码共识”

对区块链的一些误解与“区块链”的命名有关。在 2014 年之前，“区块链”一词指的主要是实现比特币的多项技术之一，也就是现在的狭义含义。之后由于比特币的货币属性影响到金融稳定，人们开始关注比特币相关技术在社会经济各领域广阔的应用前景时，开始把这一系列技术称之为“区块链”。原因应该是相对于哈希函数、分布式共识、非对称密码、工作量证明等概念，“区块链”是那一组技术中新出现的名词，还没有在其他领域被应用过。当时对这一系列技术及其应用的性质与影响的认识还比较模糊，冠以“区块链”之名也并未经过广泛的讨论，很快成为约定俗成。近期“区块链”受到社会广泛关注，并且进入推广落地的阶段，命名不当产生的误解就有了实际的消极影响，因此需要讨论和澄清。

尽管“区块链”是这组技术中的新名词，也形象地体现了由此形成的数据结构，但区块链在这组技术中既不是最基础的，也不是最核心的。就最基础的技术而言，应当是哈希函数，其他几项技术都要频繁地用到多种哈希函数。但我们并不能用哈希函数命名这组技术，因为哈希函数跟一些数学运算符一样虽然是基础，但不足以标识这组技术的核心功能。真正实现了核心功能的是分布式共识和实现分布式共识的非对称密码技术，将区块链称之为“密码共识机制”（简称为“密码共识”）更准确，如图 1.4 所示。

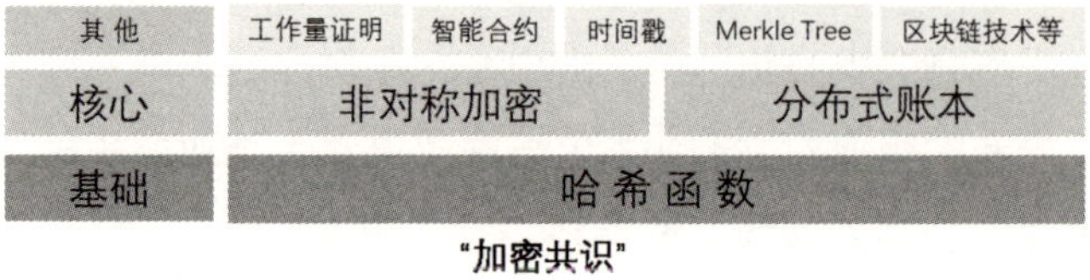

图 1.4

1.3.1　分布式共识才是区块链的基本特征

所谓区块链实现的主要功能是在大规模的经济活动中实现去中心化的有序组织。其消除了对中心权威的依赖，实现去中心化的基本手段十分简单，就是人人可参与的简单多数投票原则，即简单多数的共识模式。如在比特币系统中没有中心权威组织，51%以上节点保存和认同的账本和运行的规则就是权威。离开了分布式共识，区块链就失去了灵魂和整体性的意义。在比特币及其他公链系统中，记录交易的分布式账本是共识的基本内容，作为数据结构的区块链技术主要用于将分布式账本的每个账页有序地组织起来，并便于相互验证，工作量证明机制保证了新增账页的同步性。也就是说，狭义的“区块链”只是实现分布式共识的技术手段之一，甚至不是最重要的手段。

在新的“密码共识”技术进展中，区块链技术已经不再是必须的。比如，在 DAG 技术中已经不再有“区块链”，代之以“有向无环图”。在“区块链”中，区块之间相互链接保证整个数据库的不可篡改。在 DAG 技术中，则没有了封装交易的区块，而是直接让交易之间相互链接，实现难以篡改的网状数据结构。为此，DAG 的支持者认为 DAG 已经不是区块链了。①

1.3.2 非对称密码是分布式共识实现的核心技术

尽管分布式共识是区块链的基本特征，但这种共识模式很久以来难以拓展到大规模经济活动中，其根本障碍在于尽管分布式共识是区块链的基本特征，但这种共识模式很久以来难以拓展到大规模经济活动中，根本障碍在于两方面：一是信息传递问题，二是决策问题。所谓信息传递问题，指大规模经济活动需要在个体之间有效地传递信息，这是形成分布式共识的基本条件。这个问题已经通过互联网的发展，尤其是点对点传输技术的发展得到解决。

决策问题指如何在大规模经济组织中进行身份识别和投票授权。在一个小村落，可以依靠长期相处实现互信，达成分布式共识。而更大规模的经济活动就难以达成这种互信。因此，大规模投票决策往往要依靠中心化组织识别身份和确权，比如美国总统选举。这样的大规模投票效率非常低，无法满足像比特币这样的系统内的频繁共识决策，比如对账。非对称密码技术解决了这一难题。凭借非对称密码，比特币系统能够在不泄露私钥的前提下，让私钥持有者拥有地址所代表的数字身份，并用私钥对这个地址的转账行为进行签名授权，这从根本上解决了大规模去中心化系统的决策

① 参见第 3 章。

问题。这是整个比特币或区块链系统能够成立的核心所在，使得分布式共识真正能够在大规模经济活动中得以实现。

因此，被称为区块链的这种大规模去中心化经济组织模式，其基本特征是“分布式共识”，实现分布式共识的核心技术是“非对称密码”。这种新型的经济组织模式不应当再称为“区块链”，而应当称作“密码共识机制”，简称为“密码共识”。

用密码共识机制设计的产品或应用，可以冠以“密码共识”之名。比如，比特币和以太坊各自构建了一个运行去中心化货币系统的平台，可称为“密码共识平台”，而作为货币的比特币或以太币，则可以称之为“密码共识货币”，或者按照习惯，称之为“密码货币”。

现在，我们应该将区块链称为“密码共识机制”或“密码共识”。并做如下定义：

密码共识机制是由密码技术和分布式共识协议实现的大规模、去中心化经济组织模式，如图 1.5 所示。

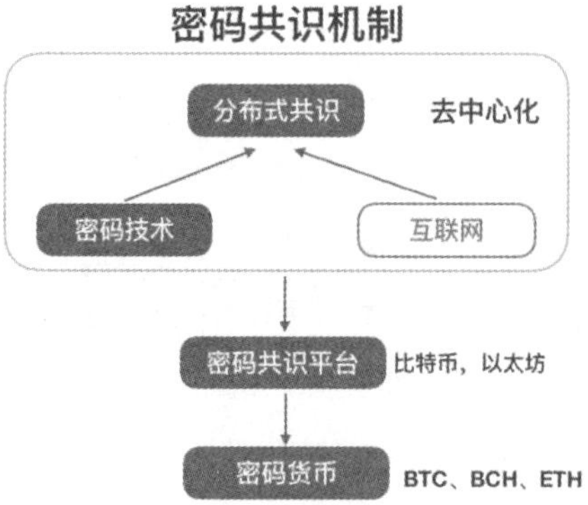

图 1.5

1.4　密码共识的本质是市场机制的升级

密码共识的基本功能是实现了大规模的去中心化经济组织模式。在人类历史上，已经实现的最重要的大规模、去中心化组织模式就是市场机制。市场机制在确定产权的前提下，通过每个人的自利计算、自愿交换，实现分散决策的同时，完成了资源的有效配置，被亚当·斯密称为“看不见的手”。密码共识机制通过新的技术组合完善了市场机制，是市场机制的深化或升级。

1.4.1　非对称密码使产权更明晰

清晰的产权是市场机制发挥效率的基础，产权不明晰导致交易主体责任权利不对应，负责者无权决策，决策者不承担成本，这些都会导致低效决策或福利损失。以往确定产权主要是两种方式，一是自然的实际占有，所谓“落袋为安”，缺点是经常保障不力。因此，就有了第二种方式，法律保护。这种确权的组织和执行成本较高，多数法律纠纷与此有关。非对称密码技术的采用，使得在分布式共识系统中，资产所有者在不泄露私钥的前提下就能行使对资产的排他性权利，大幅提高了资产的安全性和确权的组织执行成本。比如记住一组助记词（一般是 12 个单词，能推导出各种区块链资产私钥），就能获得和行使各种区块链资产的所有权，这也是密码货币和 ERC20 代币体系兴起的根本原因之一。

1.4.2　分布式共识使市场更有序

市场机制是经过千年演化而逐渐形成的制度体系，实质上是一系列共识，包括各种成文规则和约定俗成的规则。成文规则的执行有一系列体制机制保障，比如世界贸易组织（前身叫关贸总协定）。约定俗成的规则随时代和区域有所不同，地理大发现时代就是全球市场规则大碰撞时期。无论是成文规则还是俗成规则，在形成、执行和保障中都有大量的成本。密码共识机制的核心也是确权和交易，其形成的账本以及形成账本的机制都是以代码的形式确立下来，通过分布式存储实现多数人的共识。最终体现为系统的有序运行。这种共识方式跨越国界，通过程序的自动判断和执行，减少了法律体系的干预，大大降低了运行成本，提高了运行效率，使市场机制更加低耗有序。

1.4.3 密码共识弱化了市场的中心节点

尽管在经济学理论中，市场被看作是一个个抽象的主体，如个人和厂商，在产权明晰的前提下，各自依据市场价格做出独立决策。但实际的市场结构中存在各种对其他市场主体产生重要影响的中心组织。比如，资本主义结束了早期的自由竞争市场经济之后，就进入金融资本为中心的垄断资本主义。金融寡头的市场中心地位至今仍然存在。不同时代，还出现了铁路巨头、石油能源巨头、互联网巨头等市场中心。政府更是市场体系中最受重视的中心。这些中心的产生和发展是市场机制的内在需求，但密码共识机制的出现，使得去中心化组织模式更容易实行，成本也大幅度下降。尽管这不会完全消除大企业和政府的中心地位，但的确大大减弱了大企业和大政府的必要性，使得更多市场活动和政府职能可以用去中心化的方式解决，弱化市场的中心节点。

1.4.4 密码共识是更加有序竞争的市场机制

密码共识机制以更低成本的方式明晰了产权和交易规则，借助互联网和全球节点形成世界范围内的有序市场结构，凭借去中心化的基本特征削弱了市场对大型节点的依赖，显著降低了政府干预的必要性。从而，使得现实的市场机制更加接近于自由竞争市场经济秩序。可以说，密码共识机制实现了更加有序竞争的市场机制，其历史意义高于股份制和不可兑换货币对市场机制的推进意义，是划时代的市场机制升级。

1.5 密码共识市场经济的两大基石

密码共识机制之所以在大规模经济活动组织中具有一定优势、值得应用，主要在于它通过一组技术为市场经济提供了两大基础设施，也是构成升级后的市场经济的两大基石。

1.5.1 基石一：无边界价值流通体系

中本聪在比特币中设计出的密码共识机制，一开始就是为了实现这个目标，即为全球提供一个没有国界、不分种族、无关宗教的全球价值流通体系，也就是全球通用的密码货币体系。

比特币能够在众多质疑和网络攻击中存在至今，并带动了所谓区块链热潮，根本原因就是这种无边界价值流通体系的部分实现。各国央行从忽视和敌视比特币，到逐渐认识比特币的技术优势和重要意义，甚至开始探索自己的密码货币，也是因为认识到了一个无边界价值流通体系的重要性。当然，从目前的形势看，比特币未必是最终成功的全球密码货币，但密码共识机制为世界提供一个无边界价值流通体系的方向应该是无疑的，无论是比特币还是某国央行推出的密码货币。

货币之于市场，就像心脏和血液系统之于人体，它是整个市场经济的价值流通中枢。货币的边界构成了市场的边界，市场的边界则是经济增长的边界。亚当·斯密对财富增长动力的基本判断就是市场的扩大带来分工的深化，提高创造财富的效率。包括一战前德国崛起、二战后欧盟复兴、中国改革开放伟大成就，都充分证明了市场扩大对经济增长的根本性作用。因此，建立一个全球范围内无边界的密码货币系统和密码共识机制将为全球经济增长奠定坚实的基础。

1.5.2 基石二：无中心公共信息平台

市场扩大除了货币的边界阻碍之外，最大的障碍就是建立信任。市场经济的细胞是契约或交易，达成交易的前提是双方的互信。建立一个市场最为漫长的过程就是建立互信。地理大发现探索出全球版图之后，全世界花了几个世纪，经历两次大战，才逐步建立起全球市场经济的信任体系。在整个信任体系中，建立一个记载契约，不可篡改的信息载体是达成互信的重要前提，二战之后的国际经济组织很大程度上起到这个作用。

当前全球的市场信息载体主要依赖于各国分级行政体系提供的市场服务。现在看来，这种市场信息载体的重要缺陷如下。

（1）运行、维护、服务成本高。行政体系对各种分散的市场信息进行收集、验证、存证、维护并提供各种服务需要巨大的成本。

（2）行政体系对市场信息负有规范责任，但在面对复杂的市场波动和创新冲击时，很难及时适应市场变化，容易产生规范不足或过度监管的问题，损害市场效率。

（3）行政体系的市场信息服务跟巨大的经济利益相关，存在巨大的权力，容易滋生腐败。

（4）依赖于行政中心的市场信息载体难以建立国际市场的统一信息载体，全球市场经济的信息载体仍然是多中心的，相互之间难以建立稳固的信任，这也是全球经济政治摩擦的重要原因。

一旦密码共识机制建立起全球范围内的价值流通体系，那么其全球性的共识账本，即真正的区块链，就成了一个公共的信息载体。在这个全球公共信息平台上，不仅能够记录交易信息，还能够搭载其他信息。信息一旦写入区块链，就成为对任何人公开，且不可篡改的公共信息。当然，它并不保证原始信息的真伪，但它能够保证写入的信息无法被改变和抹去。此外，通过密码技术，也可以做到对写入区块链（即上链）的信息加密，只有授权的人才能破解识别。

由于密码共识机制搭载于全球货币体系之上，额外运行成本低，完全由市场内生，不依赖任何中心，从而没有寻租空间，也消除了国家分歧。也就是说，通过技术手段，这个全球共识信息平台能够为市场经济提供内生的、低成本的、去中心的坚实信任基础。

1.6 密码共识有利于完善政府的经济职能

一种流行的观点认为区块链，尤其是它的去中心化特征，跟政府的职能和立场是对立的。可以看到，区块链拥护者中有许多无政府主义者，而各国政府早期对区块链也多有敌视和戒备。理解了区块链实为密码共识机制，它是市场机制的升级，我们又进入另一个历时更加持久的矛盾：政府与市场的矛盾。鉴于密码共识对社会经济的深刻影响和政府在社会经济体制中的重要作用，有必要在理解密码共识性质的基础上理清密码共识机制与政府的关系。我们的基本判断是，密码共识有助于政府更好地行使经济职能，密码共识对社会经济重大影响的实现离不开政府的有力支持。

1.6.1 政府与市场是互补共生的两种经济组织模式

从经济的视角看，政府和市场是两种不同的经济组织模式，前者特征是中心化的，后者特征是去中心化的。两种模式并无优劣之分，而是适用于不同特征的经济活动，而且往往是相互配合、互补共生的。政府为市场机制所需要的正式规则提供法律和行政保障，为俗成规则提供社会伦理引导和协调，尤其是提供市场机制有效运行所必需的产权制度。

另外，政府在行使经济职能时也是市场的重要组成部分，必需遵从市场规律，适应市场需求。离开了市场，政府难以解决高度分散市场主体的生产消费决策问题，经济可以有序但难以高效。离开了政府，市场难以保持基本的秩序，也难以解决总量失衡问题，经济虽实现了竞争的效率，但无序竞争的损耗极大。世界经济发展实践表明，过度的政府干预和过度的自由放任对社会经济的损害都是巨大的。

1.6.2 密码共识机制对政府经济职能提出更高要求

经济学领域政府与市场的矛盾由来已久，从重农学派和亚当·斯密反对重商主义以来，经济学和经济政策就是干预主义与自由主义的不断更替。矛盾的关键在于两方面：在市场波动中，政府难以把握适当调控的节奏和尺度；技术创新和制度创新对既有政府调控机制形成挑战。密码共识机制是一次重大的技术创新和制度创新，带来的市场机制升级必然对既有政府调控机制产生重大挑战，对政府行使经济职能的方式和水平提出更高要求。这在早期表现为市场与政府矛盾的加深，但只要政府做出适应性的改进，逐渐形成新的市场秩序，市场和政府能够协调并进，充分发挥密码共识机制提高市场经济效率的功能，实现服务社会经济发展的共同目标。

1.6.3 密码共识能提高政府服务市场的效率

政府通过制定、监督和执行法律法规保障市场机制的有序运行，密码共识机制能够使正式的市场规则以代码的形式严格确立和自动执行，大大简化了法律法规的执行成本和监督成本。对于以往弹性较大的约定俗成的市场规则，在通过密码共识机制改造商业模式的过程中，也会部分地规范化，降低政府介入服务的难度。密码共识机制还能够使政府干预经济的操作难度降低，决策和执行效率提高。因为，通过代码实现的交易活动更加确定、可预期，通过共识账本记录的数据更加真实、可追溯，政府对市场动态的掌握可以更加及时准确，从而使干预政策的制定与实施能更加有效。

1.6.4 密码共识机制能提高政府行政机制的运行效率

政府行政机制内部存在大量确权、信任、共识等方面的事务，并且总体规模较大、层级较多、运行复杂。密码共识相关技术的应用同样能够简化行政流程、加强信息共享和透明、减少中间环节，从而提高运行效率。密码共识机制的去中心化特征与此并不矛盾，因为在行政体制内部也存在适合集中和适合分权的不同活动，密码共识的去中心化就是有序分权的有效手段。政府在与市场和公众衔接的环节也存在诸多需要公开、透明、共同参与的事项，可以探索用密码共识机制来提高运行效率。

1.6.5 密码共识机制能有效推进反腐倡廉

市场经济条件下，腐败的主要原因在于政府的经济职能形成了能够影响市场运行，从而调整市场主体利益结构的权力，由此产生了寻租机会。首先，密码共识机制使市场机制更加有序，减少了政府干预经济运行的事项、频率和幅度，从根本上减少了寻租机会，消减了腐败的存活空间。其次，密码共识机制使政府对市场的干预方式更加智能，减少了主观和人为因素的比重，从而减少了滋生腐败的机会。最后，密码共识使行政行为更加透明、可追溯，大幅度降低了对腐败行为的监督和查处成本。

1.7 密码共识应用的前景

密码共识机制是用去中心化方式组织大规模经济活动的新模式，是市场机制的升级，在任何市场经济国家都会产生深远影响，更会为世界市场的形成和完善起到关键作用。这种新的经济组织模式还在探索中，其对世界经济产生的实际影响远未明晰，各种区块链应用成功形成商业闭环的案例还很少。因此，虽然目前密码共识应用项目如雨后春笋般涌现，但是都只是刚刚起步，要等待市场的检验。因此，将 2018 年称为密码共识（区块链）元年更为合适。

在密码共识应用的元年，我们很难对产业的未来发展做出准确判断。不过，从密码共识的技术特征、基本功能和早期实践看，我们认为密码共识机制能够在全球市场基础设施、行业基础设施和企业商业生态三个层次上逐渐应用成熟，实现对世界经济的变革。

1.7.1 密码共识搭建市场基础设施

密码共识机制适合于大规模去中心化经济活动，规模越大，采用密码共识机制所节约的中心化组织的交易成本越多，创造的价值也越大。因此，密码共识机制会更早在全球经济的各种公共基础设施领域落地成熟。根据目前的发展情况来看，至少有以下领域的基础设施正在快速推进密码共识机制，有望较早成熟。

密码货币。货币是经济的循环系统。全球性去中心化货币是密码共识机制最应该率先实现的基础设施应用。这也确实是目前最为成熟的应用，以比特币为代表的无国界密码货币已经在很大程度上实现了货币的支付功能。

密码共识开发平台。以以太坊为代表的区块链开发平台是开发密码共识机制在各领域应用的编程、测试和发布平台，是密码共识经济所需要的重要基础设施。目前该领域是仅次于密码货币的，是已经落地见效的密码共识应用。

基础设施	代表项目
密码货币	比特币、比特币现金
密码共识开发平台	以太坊
密码共识操作系统	EOS
密码共识文件存储系统	SC、IPFS
密码共识的互联网系统	IPFS

图 1.6

密码共识操作系统。在开发平台的基础上，一些团队（如 EOS）在探索功能更加完备、性能更强的密码共识操作系统。密码共识应用程序开发和运行在这样的操作系统之上，类似于各种软件运行在 Windows 系统之上。

密码共识文件存储系统。文件存储系统是各种程序和网络不可缺少的重要组成部分，随着互联网的发展已经逐渐走向云端。以 SC 和 IPFS 为代表的密码共识文件系统试图为各种密码共识应用提供共同的、去中心化的文件存储系统。

密码共识的互联网系统。现有互联网系统尽管实现了全球的信息互联，但很大程度上依赖于一些大的中心节点和超级互联网企业，对信息互联形成了制约。一些密码共识应用试图借助密码共识机制构建更加去中心化的互联网系统，如 IPFS。

这些全球层面的经济基础设施，更加适合于密码共识机制的应用。这些领域的成功应用不仅仅能使密码共识应用更容易研发和实现，也使得经济中并未使用密码共识机制的产业或企业，通过使用这些基础设施而享受密码共识带来的便利，从而整体上推进世界经济的发展。

1.7.2 密码共识搭建行业基础设施

密码共识机制所解决的大规模经济活动还包括为特定行业提供超越单个企业的行业基础设施。比如以太坊的 ERC20 就为证券业提供了一种证券发行和流通的行业基础设施，虽然在监管不成熟的情况下带来一些混乱，但的确为证券业提供了更有效的技术手段。

在证券业之外的信贷、保险、汇兑结算等金融领域，密码共识机制通过去中心化方式能够革新原有行业的运行模式，建立起为行业提供信任基础和价值载体的密码共识基础设施。

除了金融领域，还有一些行业也适用于通过密码共识机制建立的行业基础设施。在这些领域，单个企业运用密码共识机制达不到具有经济可行性的规模，或者有一些行业共同的基础设施需要搭建。比如电子商务、物联网、游戏、博彩、慈善、知识经济等领域，往往需要打通行业内分散的企业个体边界，建立共建、共享、共赢的行业基础设施，这些都适合采用密码共识机制。

1.7.3 密码共识搭建企业商业生态

密码共识机制本质上是市场机制的一种实现形式或组织方式。这种新的市场组织方式的出现会改变市场与企业的边界，总体上使市场的范围扩大，企业的范围缩小。但是企业这种经济组织模式并不会消亡，企业的中心化决策效率相对于密码共识的去中心化方式仍有优势。比如，在小规模的经济组织中，中心化机制本身的运行成本并不高，但运用密码共识机制的成本较高。并且，在中心化决策和利益驱动下，企业更加适合在短期内适应市场需求变化、高效决策、快速迭代产品，比建立一个密码共识生态，等待其竞争演进更利于个体和社会发展。

受到区块链热潮的推动，很多企业试图在企业内部引入区块链技术，尤其是在自身既有的生态中构建 Token（通证）体系，建立内部的价值流通体系和生态交易市场，并由此形成了“通证派”或“通证经济学”，甚至在一定程度上将区块链的功能和意义归结为“通证”的使用。这跟区块链的密码共识内涵，跟其技术构成所能实现的功能不相符。企业发行的“通证”更应该看作是对企业积分、股权或债券的发行流通技术的改进，是密码共识应用（比如说 ERC20）的一种具体应用，是密码共识的应用。绝大多数 Token 本身不是去中心化的，而是基于信用发行的。

实践中，在生态群体规模很大的企业中，有可能也适合采用密码共识机制来消解企业范围内中心化成本高，直接收益低的环节，比如客户社区运营，用户评价体系等。这些可以通过自建密码共识体系和借助已有的密码共识体系（如上面的经济和行业基础设施）从企业中剥离出来，实现市场化，从而提高企业自身效率和盈利能力。“通证”在很大程度上起到这种作用。当然，“通证”兴起的主要原因还是其证券功能，短期内能绕过监管为企业筹集大量资金。

企业层面对密码共识的应用更应该采取的方式是，有条件的企业积极参与密码共识在市场和行业基础设施上的开发和应用。在密码共识开发前沿没有优势的企业，应该更多考虑利用和融入已经建立，或正在建立的密码共识基础设施，用较低的成本享受密码共识革新所带来的市场红利。

2

密码共识的核心技术

尽管我们已经讨论了区块链的本质是密码共识机制，是基于密码技术和分布式共识实现的大规模、去中心化经济组织模式。但真正理解这个重大的概念转变，进而理解密码共识机制在社会经济各领域的实现方式和重大意义，必须对密码共识的基本原理有更深入的理解。这就需要从比特币的基本原理着手，原因如下。

（1）比特币是密码共识机制的第一个应用。

（2）比特币是当前密码共识机制最成熟的应用。

（3）货币是用去中心化方式解决的最典型、最重要的大规模经济活动。

（4）密码共识机制本身就是为了构造比特币才出现的。

（5）理解了比特币原理才能理解密码共识的各种新进展。

无论是否认同，比特币和密码共识机制的诞生，就是为了取代现有国家信用背书和以银行体系为中心的法币体系。它要解决的核心问题是：在没有中心银行体系的帮助下，大规模散布各地、互不相识的货币用户如何确定货币的权属，并完成货币支付。这需要有效地传递关于货币支付的信息，并且形成相关判断和决策的有效机制。也就是密码共识机制需要解决的核心问题：在大规模的经济活动中，互不相识的人们如何有效传递信息，并协调起来进行决策。基本的思路是通过分布式共识取代中心化决策。在比特币的系统中主要是通过分布式账本、哈希函数、区块链、非对称密码和工作量证明实现的。

2.1 分布式账本

比特币的定位是一种货币。历史上的货币分为两种形式，一种是实物货币，一种是记账货币，比特币属于记账货币。

从货币的发展趋势来看，实物货币有物理的分割、存储、转移、检验等方面的障碍，难以适应市场支付需求的快速发展，越来越多地转向记账货币。现实中，我们常用的实物货币是钞票，我们以钞票的实际数量及其交接作为财富的多寡和交易支付方式。而我们以前常用的记账货币是银行转账，具体是通过支票、汇票等方式通知和授权银行在账本上记录个人或企业之间的货币支付。但是，随着计算机和互联网技术的发展，记账货币的使用方式越来越简便，不仅有了电脑和手机操作的电子银行，还有了支付宝和微信等第三方支付。扫一扫二维码，就能轻松地授权支付宝或微信通过记账的方式完成我们的各种大大小小的支付。因此，电子化的记账货币已经是大势所趋，全球将会进入无现金社会。如图 2.1 所示为实物货币与记账货币的表现形式。

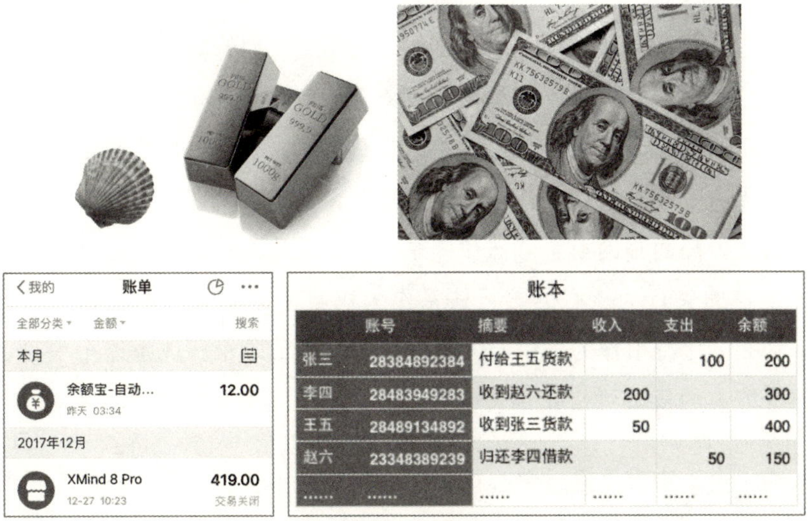

图 2.1　实物货币与记账货币

这些无实物形式并且通过网络实现支付的记账货币常常被称为电子货币、虚拟货币或数字货币。但这跟我们要讲的以比特币为代表的密码货币（即基于密码共识机制的货币）有根本区别，尽管有多人把比特币也称为虚拟货币或数字货币。密码货币跟上述电子化的记账货币的根本区别在于，密码货币是利用了密码共识机制建立的去中心化记账货币。而现行的电子银行、支付宝、微信支付等都是建立在央行和商业银行体系为核心的国家信用货币基础上的，是主权货币这种中心化货币的一种实现形式。理论上和技术上，电子银行、支付宝或微信支付系统内所使用的既可以是法币，也可以是密码货币，只不过法律上密码货币的流通尚未得到许可，如图 2.2 所示。

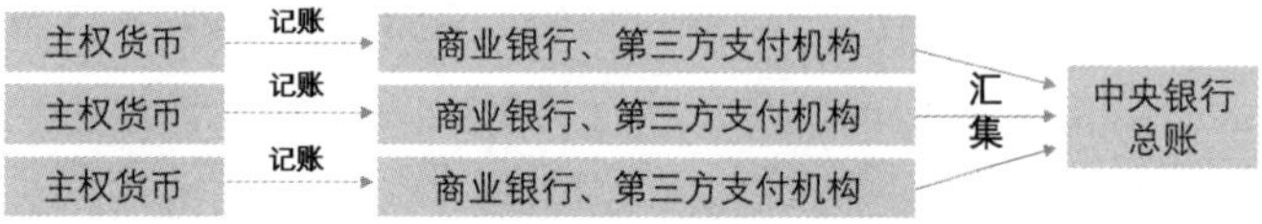

图 2.2　主权货币、密码货币与各种支付手段的关系

在中心化记账货币体系中，比如人民币，人们的货币权属量和他们之间的支付确权直接反映在商业银行和第三方支付机构的账本上，最终汇集在中央银行的总账上。人们货币资产的安全存放和支付依赖于银行体系的信用和国家赋予的权威。任何人试图篡改、伪造货币账本，盗窃掠夺他人货币财富，都面临国家金融法律体系的防范、追查和惩处。也就是说，有国家支撑的央行为核心的银行体系作为权威，保障了法币账本的权威可信。那么，比特币作为去中心的记账货币，要消除银行体系这个中心，如何保证账本的权威可信呢？关键在于比特币是一个分布式账本系统。

简单说，法币是通过中心权威保证货币账本安全可信，比特币是通过大家投票保证货币账本安全。也就是把法币体系中由银行系统机密保存的账本拿出来，复制很多份，大家人手一份。上面记录着各自有多少比特币，在 Alice 向 Bob 支付 0.1 个比特币的时候，所有人的账本上都将 Alice 的账户减少 0.1 个比特币，而 Bob 的账户增加 0.1 个比特币，这样就完成了支付。如果 Alice 作弊，在自己掌握的账本上给自己的账户余额增加 4 个 0，由 1 个币变成了 10000 个币。她能否得逞呢？

不能，因为她需要将这 10000 个币花出去才能实现其价值，当她向任何人支付购物的时候，对方都会核对自己的账本。这时就会发现两人账本记录的余额有差别。下一步就应当查阅比较其他人的账本，当发现多数人账本上 Alice 只有 1 个比特币，那么 Alice 的篡改就暴露了，她的账本没人认同。这种确权方法十分可靠，因为，比特币账本分散在世界各地，Alice 不可能串通 51%以上的账本持有者一起作弊。通过这个简单的少数服从多数的原则，比特币就用分布式账本代替了国家支撑的中心化银行体系，解决了账本的权威可信问题。图 2.3 所示为法币与比特币的组织结构比较。

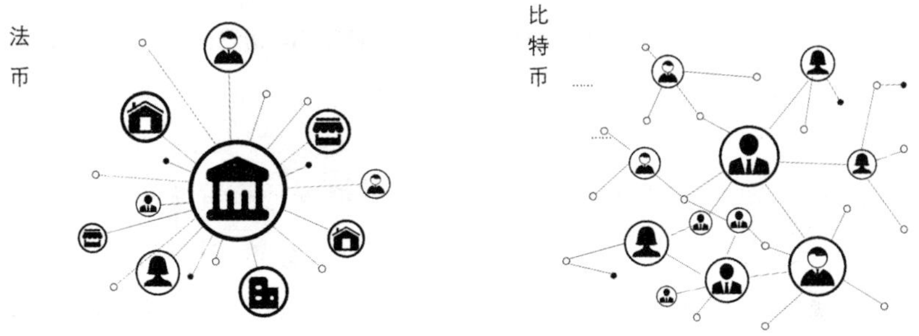

图 2.3　法币与比特币的组织结构比较

但是，这里有一个很大的困难：分散在世界各地的比特币账本如何对账呢？如果每发生一笔交易，都要核对分散全球的账本，要耗费多少人力、物力和时间啊！这完全是不可行的。所以，接下来，比特币必须解决千万个账本的快捷对账问题。

2.2　哈希函数

哈希函数是一种数学函数，可以将任意长度的输入信息压缩成指定长度的二进制输出[①]，这个输出值称为“哈希值”，这个压缩过程称为“哈希”。哈希的过程类似于给一篇论文提炼出一篇摘要，所以，也可以把“哈希值”称为原始输入信息的“摘要”。哈希函数在实现密码共识的技术中要频繁用到，这是因为哈希函数有一些很有用的性质特征，帮我们解决密码共识中面临的许多问题，包括千万个账本对账的问题。

在比特币系统中，最常用到的哈希函数是 SHA256，这是安全哈希算法（Secure Hash Algorithm）的一种，它会把任意输入的信息压缩成一个 256 位的摘要（即哈希值）。

（1）任何时间地点，用 SHA256 函数对同一组信息进行哈希，总能得到同样的哈希值。实际上所有的数学函数都有这样的性质。比如：SHA256（春花秋月何时了）=a048f6c843f92bfe036057f7fc2bf2c27353c624cf7ad97e98ed41432f700575[②]。在任何时间地点都成立，不会改变。

（2）原始输入信息微小的变化都会导致摘要（哈希值）发生不可预料的巨大变化。比如：SHA256（春花秋月何时了。）=560f231e7ef6be34ca0cb36844f4546c5ec88391875a8d3d410ff438aa5d706b。仅仅加了一个“。”，哈希值就完全不同了。

（3）从摘要或哈希值无法逆推出原始信息。我们得到上述哈希值，也知道使用了 SHA256 函数进行的哈希，但无法倒推出“春花秋月何时了”这个原始信息的。唯一的办法，只能猜（也称“碰撞”），就是不断地换各种输入信息，平均猜 2^{128} 次才能猜到，一台每秒哈希 1 万次的计算机，要 10^{27} 年才能猜到。

① 我们可以把这个二进制输出以十进制或 ASCII 等形式显示出来。

② 这是按照 Base32 规则编码显示的 256 位二进制字符串。

有了这三个性质，仅仅是哈希函数就可以做一些简单的去中心化应用了。比如遗嘱的公证。传统方式是个人，比如富翁甲生前立好遗嘱签字，然后交给律师保管。待富翁甲死后，有律师宣布遗嘱。这里就高度依赖律师的人品和职业操守。用哈希函数可以去掉中心环节——律师。

首先，富翁甲生前立好遗嘱，输入 SHA256 函数，得到哈希值 H。然后，富翁甲对外公布：已经立好遗嘱，并用 SHA256 函数哈希得到哈希值 H。待富翁甲死后，三个儿子开始争夺遗产，各自拿出一份有利于自己的遗嘱。现在，想要确定哪个儿子拿出的遗嘱是富翁甲生前确立的遗嘱就很容易了：将三个儿子拿出的遗嘱分别输入 SHA256，哪一份得到的哈希值等于哈希值 H，这一份遗嘱就是真实的。这个方法绝对比律师可靠。

从这个实例可以总结出在密码共识系统中，哈希函数的四个主要功能如下。

(1) 简化信息。哈希函数能够把一份复杂的遗嘱，甚至一部著作、一部电影哈希成一个 256 位的二进制字符串。

(2) 标识信息。哈希之后得到的哈希值是能够唯一标识原始信息的，一个人想用不同的原始信息哈希出同一个哈希值（即碰撞），要 10^{27} 年。

(3) 隐匿信息。富翁甲生前公布遗嘱的哈希值，而不必公布遗嘱本身，即证明了该遗嘱的存在，又不泄露遗嘱内容，从而让儿子们有所忌惮，得以安度晚年。

(4) 验证信息。最后，通过比较哈希值就能够验证一份信息是否跟原始信息完全一致。

有了这四项主要功能，哈希函数成了整个密码共识技术体系中的基础函数，重要的环节都要用到。首先要用到的就是用来压缩账本便于分布式账本的核对。

2.3 区块链

2009年1月3日下午6点，比特币和密码共识机制的发明者中本聪(可能是一个人，也可能是几个人）开启了比特币账本的记账工作。基本的方法是每 10 分钟收集整个网络（可以理解为全世界）所发生的所有比特币支付交易，整理成一个数据块，称为一个“区块（block)”，就相当于会计账本中的一份账页。

当中本聪记下一份账页之后，给这份账页编上序号 0（也称为“区块高度”，因为后面的账页要摞在上面，越摞越高)，就确定了比特币系统的最初的货币权属，如图 2.4 所示。假设中本聪是两个人的团队，由中本甲和中本乙组成，他们分别保存了一份账页。当两人之间发生了一笔比特币交易时，就需要核对两个人账页是否完全一致，他们需要核对账页中的每笔交易、区块序号、记账时间等是否一致，比较麻烦。

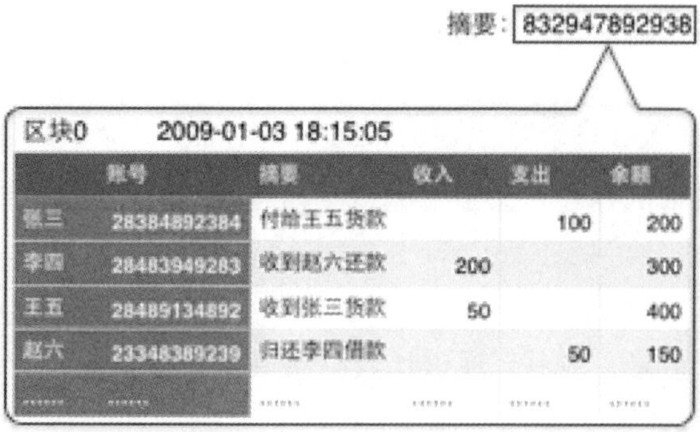

图 2.4　第一份账页或区块

为了简单核对两份账页，两人可以分别把自己的账本代入哈希函数（比如 SHA256），各自得到一个哈希值，可以称为这份账页的“摘要”。比较两个摘要是否一致就完全可以判断两份账页是否相同了。这比核对两个账页的所有信息简单多了。

又过了 10 分钟，形成了第二份账页。接下来再发生交易的时候，不仅要核对第一份账页，还要核对第二份账页。当然，按照前面的方法，分别把两份账页进行哈希，得到摘要，然后分别核对两人的两份账页的摘要是否都一致就行了。但是，比特币运行 8 年之后，已经有了超过 50 万份账页了。核对 50 万份账页摘要也是十分耗时的。怎么办呢？

中本聪想出一个绝妙的主意，按他的设计，在对第二份账页进行哈希的时候，不仅仅把第二份账页的全部内容作为输入，还把上一份账页的摘要放到输入中，这样哈希出第二份账页的摘要。这样，两个人只需要核对第二份账页的摘要，就能一下子判断两个人的两份账页是否一致了。因为，如果两人的第一份账页不一致，这会导致第一份账页摘要不同，而第一份账页的摘要又是第二份账页摘要的输入信息之一，所以会导致第二份账页摘要也不同。这样，两人只需要核对第二份账页的摘要就可以了。

又过了 10 分钟，形成第三份账页的时候，同样要把第二份账页的摘要作为输入信息，跟第三份账页内容一起进行哈希，得到第三份账页的摘要。两个人对账时，只需要确认第三份账页的摘要相同，就能保证这三份账页的所有内容都是一致的。以此类推，每过 10 分钟，记一份新的账页，都把前一份账页的摘要放进哈希函数跟新账页内容一起哈希，然后核对所得到的新账页摘要是否一致就可以了。比如记到第 50 万份账页，对账就只需要核对第 50 万份账页的摘要就可以了。而且，不仅可以两个人之间对账，还可以万人之间对账，以现在的计算机和网络技术，万人之间核对一个哈希值（摘要）也是很容易的，这时账页之间就形成了一个个的区块，这些区块之间通过连接形成了区块链，如图 2.5 所示。

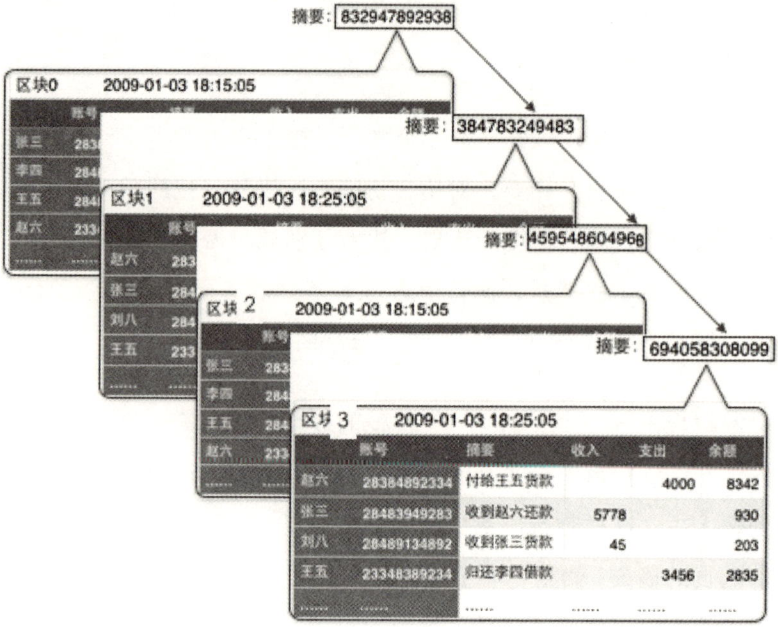

图 2.5　区块链的形成

我们把 10 分钟整理的交易数据，按顺序给出序号（区块高度），加入记录的时间，形成一个数据块，称为“区块”。然后，为了对账，我们又把区块按顺序通过哈希函数形成摘要的形式链接起来了，这个区块的链条，就称为“区块链”。我们把区块形象地称为“账页”，那么区块链就是一个按顺序串起来的一份“账本”。比特币就是通过这份大“账本”，记录和确定人们的货币权属和交易关系。

这就是我们所经常听到的“区块链”的直接含义。社会语境中我们用它指代了太多东西，实际上它是一种具有时间维度的、不断累加的数据库结构。它甚至不是比特币技术构成中的核心技术。区块链的主要功能是为了让分布式账本能够方便地对账。也就是说，区块链是实现分布式账本的辅助技术手段。

不过，一旦千万人保存了比特币的大账本（区块链），记录在上面的信息就几乎不可能篡改或抹去了。从而，比特币的区块链又有了另一个重要的功能：全球见证、不可篡改、不可磨灭的信息载体。比如可以将一个诺言、一个借条或一句“我爱你”放到一笔交易中，这笔交易一旦计入区块链。就被全球千万份账本见证和保存了。

2.4 非对称密码

有了区块链技术支持的分布式账本，去中心化的货币系统就初步形成。但是，以公开核对账本的方式实现去中心化有一个大问题：如何保护个人隐私。每一个人都可以保存整个账本，那么所有的交易信息不就完全公开透明了吗？谁都有秘密啊！

实际上，比特币账本中记录的交易信息并不显示个人身份和所购商品的信息。一笔比特币交易发生，在账本上仅仅是从某个地址向另一个地址发送多少比特币而已。比如：从地址 1PaSvGct6nHEhjg888DB6yJzrpGtn3d594 向地址 12h5gJnF5YNq9HV2Vvtz VmsVzvC42pcyD 发送 0.1 个比特币。看不出来这笔钱是谁发的？发给谁？做什么用？正是由于这个原因，人们说比特币是一种匿名的货币。

但是，如果仅仅是从地址到地址，那么怎么确定谁有权支配 1PaSvGct6nHEhjg888DB6yJzrpGtn3d594 地址上的比特币呢？地址总是要跟现实的人相对应，这个货币体系才有实际用处啊。如果 1PaSvGct6nHEhjg888DB6yJzrpGtn3d594 地址上有 0.1 个比特币，谁能够把它支付出去呢？比特币采用类似于银行账号与密码的方式解决这个问题。

2.4.1 比特币的地址和私钥

在现有银行系统中，想要从某个账号支付一笔钱，我们必须输入这个账号相应的密码。比特币系统也是如此，我们把地址可以看作“账号”，每个地址（账号）会有一个对应的“私钥”（也就是密码）。与银行账号密码不同的是，银行账号密码之间没有必然的联系，账号由银行给，密码自己设定。而比特币的地址（账号）和私钥（密码）有严格的数学关系：从私钥可以推算出地址，但从地址无法倒推出私钥，这是一种非对称关系。比如，1PaSvGct6nHEhjg888DB6yJzrpGtn3d594 的私钥是 5J58pxAcZp7Wc4CfRKqba39ZSDcNsUdep9LWx3fGYUvfNj4jUHM，从后者可以推算出前者，反过来则不行。

私钥就是一切。由于没有中心机构帮助我们确认在比特币账本中的权益，所有的权益依靠所持有的私钥。拥有私钥就可以支配对应的地址，失去私钥任何人都不能动用对应地址上的比特币。所以，一定要保存好私钥，不能泄露，不能丢失。一旦泄露，对应地址上的币就很可能被盗走，一旦丢失，对应地址上的比特币就永远无法动用了。由于比特币早期并不值钱，不少早期参与者获得比特币之后存放在电脑上，时间久了就找不到私钥了。这种方式丢失的比特币保守估计有 300 万以上，未来还会增长，因为丢私钥相对容易，找回私钥几乎不可能。

在银行系统中，想要支付某个账号中的钱，我需要向银行出示（如键盘输入）密码。银行在开设账号的时候已经审核了我的个人身份信息，并绑定到这个账号上，同时备份了我为该账号设置的密码。支付时，银行核对我出示的密码与备份的密码一致，就会帮我记账：从我的账号支付给另一个账号指定数量的钱。也就是说，银行作为所有人信任的中心，帮助我们审验身份、确认支付权属和记账。

在比特币系统中也有账号和密码，每个地址会对应一个密码。谁拥有1PaSvGct6nHEhjg888DB6yJzrpGtn3d594这个地址（即账号）所对应的私钥（即密码），谁就能够支配该地址的0.1个比特币，比如支付给12h5gJnF5YNq9HV2VvtzVmsVzvC42pcyD这个地址。完成这笔支付的标志是，在我发出从1PaSvGct6nHEhjg888DB6yJzrpGtn3d594地址向12h5gJnF5YNq9HV2VvtzVmsVzvC42pcyD地址发送0.1个比特币的消息之后，所有保存了账本的人，都通过某种方式证实我的确拥有1PaSvGct6nHEhjg888DB6yJzrpGtn3d594地址所对应的私钥，从而都将这笔交易添加到分布式账本中（即所谓“上链”），这笔交易就真正完成了。

但是，在银行体系中，人们共同信任的银行完成了密码与账号的验证工作，并为我们记账。在比特币系统中，没有中心的银行体系，账本是公开、分散、同步保存在很多人手里的。如何让所有人都在账本中记下从1PaSvGct6nHEhjg888DB6yJzrpGtn3d594向12h5gJnF5YNq9HV2VvtzVmsVzvC42pcyD支付0.1个比特币的交易呢？能不能我告诉大家这个指令，同时出示我的私钥，让大家自己推算这个私钥确实能够推导出付款地址呢？显然不行！只要别人看到我的私钥，所对应地址上的币就不属于我了，很快就会有人把币转走。

所以，我们的问题归结如下。

如何不出示私钥，就让别人确信我拥有某地址的私钥，从而把我从该地址给别人支付的交易记入区块链？

这是整个密码共识体系中最关键的一个技术问题，要用“非对称密码”

这项关键技术来解决。正是因为解决了这个技术难题，这种以去中心化的方式组织大规模经济活动的新方法才建立起来。

2.4.2 比特币支付的实现过程

现在，我要完成“从 1PaSvGct6nHEhjg888DB6yJzrpGtn3d594 向 12h5gJnF5YNq9HV2VvtzVmsVzvC42pcyD 支付 0.1 个比特币”这笔交易。实现步骤如下。

（1）准备：用哈希函数，将原始交易指令压缩成一个简短的摘要，称为“交易摘要”，这是为了便于后面的运算和传输。

（2）签名：用付款地址的私钥跟交易摘要做签名运算，得到“交易签名”。这一步很关键，它把私钥跟交易指令紧密绑定在一起，就好像我们在一张付款支票上签上自己的名字，授权了这笔支出。这个签名运算有些复杂，可以想象成乘法。由于要动用私钥，所以这个过程一定要保密，防止私钥泄露。

（3）广播：把“原始交易指令”、签名通过互联网广播出去。一传十，十传百，几秒钟便可传遍全球。

（4）验证：接收到广播信息的账本持有者验证“签名”是否是付款地址对应私钥与“原始交易指令”进行签名运算的结果。这也是个运算过程，即验证运算。可以看作是签名运算的逆运算，就像除法是乘法的逆运算。但是，不同之处在于，签名运算类似“原始交易×私钥=交易签名”，验证运算本应“交易签名÷私钥=原始交易”，但这样就会泄漏私钥。非对称密码的奇妙之处就在于，验证运算不需要私钥，只要私钥和地址是对应的，

“交易签名”与地址[①]进行运算就能够得到“原始交易”，类似“交易签名÷地址=原始交易”。数学上可以证明这种验证完全有效。这是解决我不出示私钥，又能证明我用私钥对交易进行了授权的关键问题。

（5）记账：当账本持有者们验证了签名信息的确经过了付款地址私钥授权的，他们就可以把这笔交易计入账本中了。这样，这笔交易就完成了。

2.5 工作量证明

最后我们研究一下记账的过程。为了实现全球分布式账本，比特币系统约定每十分钟将全球发生的交易记一份新的账页。作为一个开放、开源的去中心化的系统，任何一个人都被允许参与记账，并且为了鼓励人们记账，记账者可以获得 12.5 个比特币的奖励，现在是很大一笔财富。为此，每分钟都有成千上万人试图将所有交易记到一份新账页中。他们要做的工作如下。

（1）开启比特币软件，链接到网络。

（2）接收来自世界各地的交易信息。

（3）验证这些交易信息是否经过了付款地址私钥的签名。

（4）增加一笔交易：没有付款地址，凭空给记账者的地址记入 12.5 个比特币。

---

① 实际上，参与验证运算的不能是地址，而是公钥，在进阶阅读中，我们解释私钥、公钥与地址的关系。由于验证要用到付款地址的公钥，而“原始交易”信息中只给出了地址，所以，在广播原始交易及签名时，还必须同时广播付款地址的公钥。

(5) 将验证过的交易和新币交易（称为 Coinbase）整理成一个数据包。

(6) 将交易数据、上一个区块摘要和当下时间（即时间戳）一起哈希得到本区块的摘要。

到这里，似乎已经将新账页通过哈希上一个区块摘要的方式加在了新账本上，从而完成了记账工作。但是，仍有 3 个重大问题存在。

① 遍布世界各地的记账者，受到网络传输速度影响，在同一时间接收到的交易是不同的，记账的时间也是不同的。因此，他们记出来的新账页不会完全一样，从而最新账页的摘要（即新区块哈希）肯定不同。那么，分布式账本靠核对大家的账本摘要来对账的关键步骤就无法实现了。

② 这个收集、验证和哈希过程非常快，半分钟不到就能完成，根本用不了 10 分钟。

③ 如何保证记账者认真地验证和记账，不偷懒，不作弊呢？

中本聪想到的"工作量证明（Prove of Work)"机制解决了这 3 个问题，并且一并解决了对记账者的奖励问题和新币发行的问题。基本的思路是：增加哈希的难度，让全世界大约每 10 分钟只有一个人能够哈希出符合要求的摘要，这样的新账页将被所有人复制一份加到自己的账本中。具体步骤是这样的，上述第 6 步改为如下内容。

(6) 将"交易数据""上一个区块摘要""时间戳"进行哈希时，加一个"随机数"。

按照哈希函数的性质，加入了一个随机数哈希值就会有变化，变化结果如何无法预知。比特币系统对这个摘要（哈希值）添加一个要求，比如：

哈希值的第一位必须为零。如果哈希值是由数字和小写字母构成的，那么不管其他位结果如何，第一位为 0 的概率是 1/36。为了达到这样的目标哈希值，一般换 36 次随机数，即哈希 36 次会有一个，平均换 18 次找到一个。

假设一台电脑哈希一次需要 1 秒，全球共有 10 台电脑参与记账，即全网 1 秒能哈希 10 次，平均每次 0.1 秒。

那么，全网找到一个第一位为 0 的目标哈希值的平均时间就是 18 次 ×0.1 秒 = 1.8 秒。当然，这离 10 分钟还远，需要提高要求。

当要求目标哈希值前 2 位为 0 时，全网平均需要 18^2 = 324 次哈希，平均花费 32.4 秒才能找到前 2 位为 0 的目标哈希。

当要求前 3 位为 0 时，需要 18^3 次哈希，大概 18^3×0.1/60 = 9.7 分钟，基本达到 10 分钟的要求了！

如果我是 10 个记账者中的幸运儿，我的电脑找到了前 3 位为 0 的目标哈希值。那么我要立刻把新区块或新账页广播出去，它包括：带有时间戳的交易数据包；算出的目标哈希值；成功算出目标哈希值的随机数。

其他 9 个记账者收到这些信息，会立刻验算：收到的交易数据包、收到的随机数和上一个区块的哈希值，放在一起哈希，是否能够得到收到的目标哈希值。如果能够，说明我率先成功了，他们就立刻接受我的新区块哈希值作为上一个区块哈希值，并收集新的未记账交易，寻找新的目标哈希值。此时，我的新区块链就被大家都接受了。也就是说，上述第 6 步改为以下内容。

（6）将“交易数据”“上一个区块摘要”“时间戳”进行哈希时，寻找一个“随机数”，使得哈希值的前 3 位为 0。

（7）将“交易数据”“随机数”找到的“目标哈希”广播出去。

（8）受到广播的记账者验证新区块后复制加入到自己的区块链上。

这样，一个新区块就诞生了！

经过这样的记账过程，实现了以下任务：

- 整个网络在 10 分钟里完成了一次记账。
- 10 分钟里大家只接受了一个相同的新区块。
- 我发给自己的 12.5 个比特币被大家认可了。
- 整个网络有了 12.5 个新发行的比特币。
- 每个记账者都会诚实认真的记账。

竞争会使得全网每 10 分钟计算花费的成本接近 12.5 个新币的价值，也就是说 10 个记账者，10 分钟里平均每人为猜目标哈希耗费的成本接近 1.25 个比特币（竞争的激烈程度将决定成本接近收益的程度，即利润率）。如果某人不愿意接受我的新区块，仍然继续算上一个目标哈希值，当他找到并广播出来的时候，其他人都已经在计算新的区块哈希了，没人接受他的新账页，他给自己的 12.5 个比特币得不到认可，接近 1.25 个比特币的消耗就白费了。

不能不赞叹中本聪这个看似粗暴、浪费资源的竞争方法，很好地解决了分布式账本的实现和新币发行问题，尽最大可能消除了主观影响。至此，一个分布式货币系统终于可以运行了！

比特币的发行、减半和总量。从 2009 年 1 月 3 日开始每记一页账有 50 个比特币奖励，然后按照每记 210000 个账页（约 4 年时间）减半的速度递减，大概 2013 年开始每个区块奖励 25 个比特币，2017 年开始每块奖励 12.5 个比特币……一直到 2140 年奖励衰减到小数点后 8 位都为零了，也就不再奖励了，也就是说比特币系统在没有新币产生了。此时的总发行量大概为 21000000 个，如图 2.6 所示。

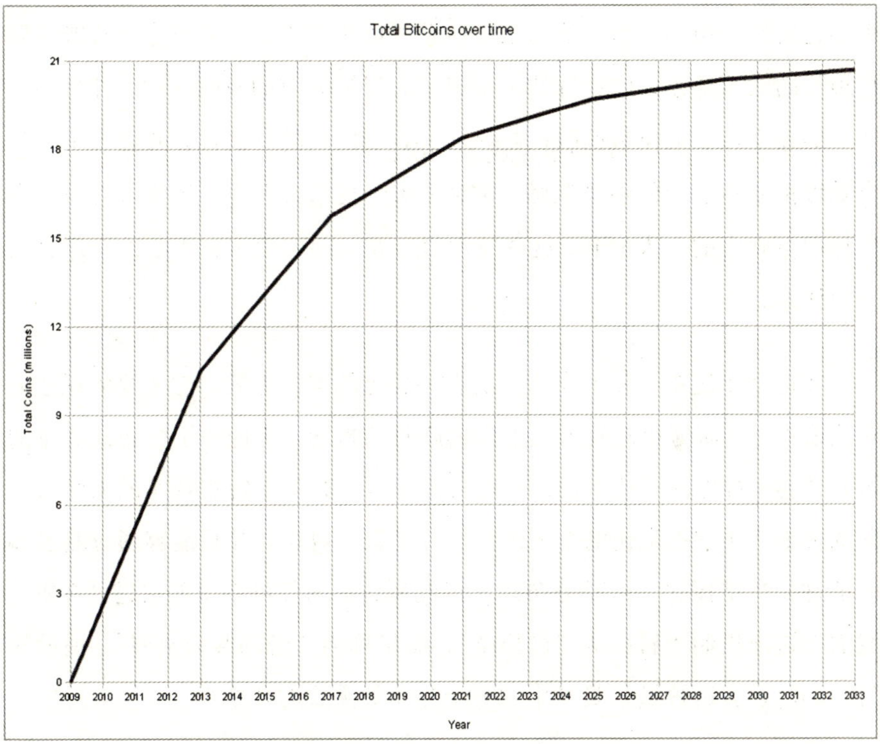

图 2.6　比特币总量与发行曲线

2.6 密码共识的基本逻辑

理解了比特币实现的技术逻辑，就更加容易理解我们为什么在第一章将区块链定义为密码共识机制。

在比特币的系统中，这些技术组合在一起使得全球范围内的人可以通过去中心化的方式运行一个公共的货币系统。这就是一个典型的大规模去中心化的经济组织。为了消除法币体系所依赖的中心，采用分布式账本取代银行的账本体系。区块链技术实现了大规模分散的对账机制，并增强了账本的安全性。工作量证明机制保证了新增区块的一致性，并提供了人们自觉维护账本安全的经济激励。非对称密码技术实现了大规模人群中无须信任即可确立的个人权利。这些技术组合在一起实现了去中心的全球公共货币体系。

在这个系统中，分布式共识是去中心化的实现方式，它主要体现在分布式账本上，而区块链技术和工作量证明机制进一步保障了分布式账本的可行性。非对称密码技术是把分布式账本这个数字系统跟现实的人结合起来的关键，让掌握私钥的个人或组织有了数字身份，并且能够通过签名和验证进行数字授权，这是分布式共识成为真正的经济系统的关键。为此，我们将这项机制不再称为“区块链”，而是称为“密码共识机制”，或简称“密码共识”。区块链只是其中的一个并非最重要的环节而已。

如果不是为了实现大规模去中心化的经济组织，多数技术是低效的、不必要的。比如，分布式账本在千百万人那里保存一个完整数据库副本是十分浪费资源的；区块链技术只是为了大规模对账才需要把区块不断嵌套哈希，这不仅浪费了资源，而且大幅降低了性能，要等 10 分钟才能确认，一经确认不可修改丧失了很多经济活动所需要的灵活性；工作量证明机制更是浪费了巨大的算力资源，一个可信组织如央行记账根本无须这种耗费。只有非对称密码技术和哈希函数即使在小规模的经济活动中也是有用的，比如前面的遗嘱案例。但是，这样的应用早就已经在经济活动中，尤其是被银行系统采用，跟所谓“区块链技术”没有必然联系。

因此，我们再次强调，密码共识机制才是这场冠名以“区块链”的技术和制度创新的实质。它是由非对称密码技术和分布式共识机制实现的大规模、去中心化经济组织模式。

2.7 核心技术进阶

2.7.1 进阶 1：私钥、公钥与地址

私钥是密码共识系统中个人最重要的秘密，一旦失去私钥就失去了所有权利。不过，令人惊奇的是，所有的私钥实际上都是公开的！所有介于 1 ~ 0xFFFF FFFF FFFF FFFF FFFF FFFF FFFF FFFE BAAE DCE6 AF48 A03B BFD2 5E8C D036 4141 之间的数（大约为 2^{160} 个），都是一个合法的私钥。个人私钥的安全性在于，只要你不告诉别人你所拥有的私钥，别人想在这 2^{160} 个私钥中找到你的私钥难度超过从银河系中找到某一粒灰尘。

通过椭圆曲线函数，每个私钥可以推算出对应的公钥，但公钥不能反推出私钥。公钥分为左后两部分 X 和 Y，各 32 字节，两部分是相关联的，左边（X）可以推出右边（Y）。中本聪设计比特币系统时似乎不了解这一点，保留了 X 和 Y 作为公钥。后来系统升级，采用了只保留 X 的公钥格式，称为压缩公钥，占 33 字节，增加的 1 个字节标识此为压缩公钥，但原来的公钥也兼容，称为非压缩公钥，占 65 个字节，其中 1 个字节标识此为非压缩公钥。

从公钥到地址还要经过几步：对公钥先进行一次 sha256 哈希，在进行一次 ripemd160 哈希，然后加上一个网络标识（主网或测试网络），这样构成了 20 字节的地址主体。对这个地址主体再进行两次 sha256 哈希，取结果的前 4 位附在地址主体后面，就得到了比特币交易中的地址。过程如图 2.7 所示。

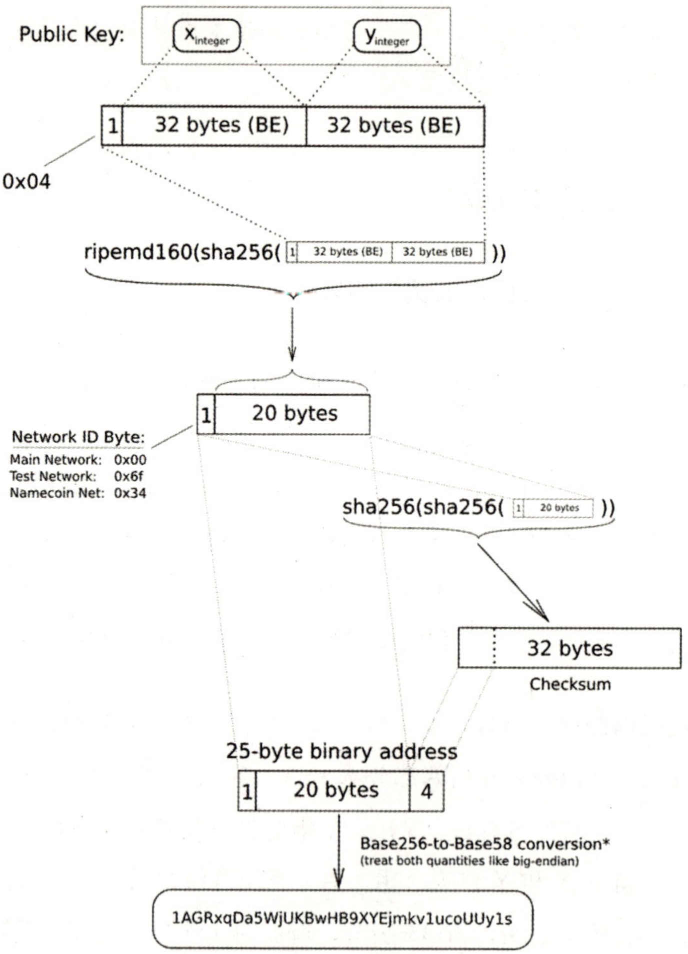

图 2.7　比特币从公钥到地址

2.7.2 进阶 2：组织区块内部交易的默克尔树（Merkle Tree）

比特币的所有数据都记录在区块链中，每 10 分钟形成一个区块，每个区块都记录了上一个区块的哈希值，并且在哈希本区块内容时加入了上个区块哈希。因此，即使已经形成了 50 多万个区块，它们都是严格有序的。但每个区块会容纳很多交易，这些交易也需要有序的存储，一方面使记入区块的交易不可更改替换，另一方面也便于寻找某个特定交易。这也是通过类似于区块链的嵌套哈希完成的。

首先对区块中的所有交易两两放在一起进行哈希，所得到的哈希值再次与另一个两笔交易的哈希值进行哈希，如此不断进行哈希，直到所有的内容哈希到一个哈希值中。如图 2.8 所示，从 A 到 P 共 16 笔交易，然后两两哈希，再哈希……最终哈希成了涵盖了 16 个交易的根哈希。由此形成了倒过来的树，称之为 Merkle Tree（默克尔树），如图 2.8 所示。最后的最顶端的哈希值称之为 Merkle Root（默克尔根）。把默克尔根写入区块头，这个区块所包含的交易就被固定下来了。

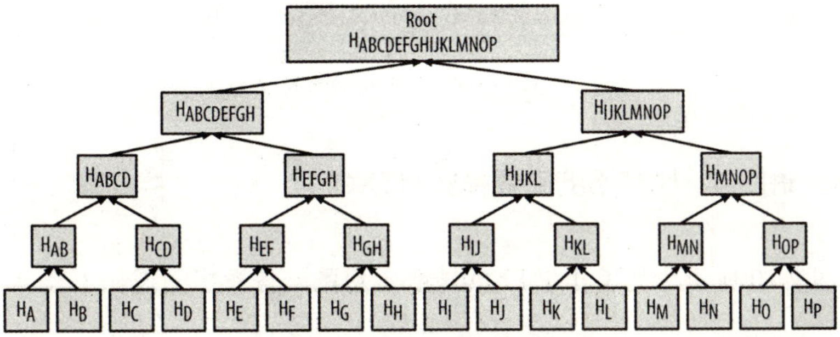

图 2.8 默克尔树（Merkle Tree）

2.7.3 进阶 3：一个真实的区块

图 2.9 所示是一个真实的区块，篇幅所限，只包括了区块头，没有给

出所有的交易。

- 区块高度：表明这是自比特币运行以来的第 522767 个区块，可以想象区块是一个个摞起来的，越来越高。
- 区块哈希：是本区块的哈希值，达到了前 18 位为 0 的要求。
- 上一个区块哈希：即第 522766 个区块的哈希值。
- 时间戳：本区块的记账时间。
- 随机数：用来找到目标哈希值所加入的那个随机数。
- 难度：寻找到本区块这样前 18 位为 0 的哈希值的难度，它等于哈希值可能的最大取值除以目标哈希值。
- Merkle Root：本区块内的所有交易通过默克尔树形成的根哈希值。

区块高度	522,767
区块哈希	00000000000000000002a2852211f059e4bb36b85f2719bbccdea15e5a713f29
上一区块哈希	000000000000000000285d9cc0a3a09246be2ec4e252b4b3b2c3fd1750fe8910
时间戳	2018-05-15 16:55:02
随机数	0x8a104830
难度	4,143,878,474,754.19
Merkle Root	579ea4bb386166c138ab8112a76fc453c443d24a1e37e8bbe54e37d313a171fa

图 2.9　第 522767 个区块的区块头数据

2.7.4　进阶 4：比特币的交易模式 UTXO

图 2.10 所示为比特币 UTXO 转账示意图，按顺序实现如下交易。

① 账户 1 通过挖矿得到 12.5 个 BTC。

② 账户 1 将 2.5 个 BTC 转给账户 2。

③ 账户 2 将 2 个 BTC 转给账户 3。

④ 账户 1 将 2 个 BTC 转给账户 3，2 个 BTC 转给账户 4。

⑤ 账户 3 将 3 个 BTC 转给账户 4（账户 3 单个未花费的交易输出不足，故使用两个未花费的交易输出进行交易）。

最终推算账户余额如图右方（账户 4 余额由两个未花费支出构成）。

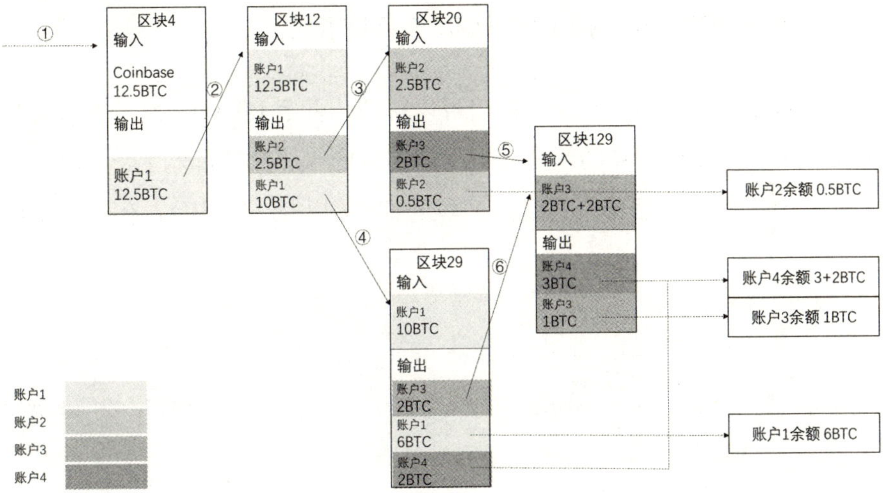

图 2.10 比特币的交易结构 UTXO

2.7.5 进阶 5：一个真实的交易

下面是一笔真实的比特币现金（BCH）交易。

在“vin”项中，把交易号（txid）" 348d40b6d5ad30b54ba73d7d573c1ef8837baf2f91de3fd1ae7b43d50a5d5759"的这笔交易中的第 0 个输出签名（scriptSig）解锁。通过区块链浏览器可以查到，在这个交易 ID 下的第 0 笔输出是给 13knEB4THk5UEDyFrNKX187bXw1hUAtUXi 支付了 0.00003BCH。在新的交易中，scriptSig 的签名对这笔 UTXO 进行了解锁，

可以用于支付了。

在“vout”项中，将 20000 聪（即 0.00002BCH）支付给了“addresses”（地址）13knEB4THk5UEDyFrNKX187bXw1hUAtUXi。没错，在这个测试交易中，我们先用私钥签名，解锁了这个地址上的一笔未花费支出（UTXO），然后又无聊地支付给了这个地址。不过，解锁了 0.00003BCH，支付了 0.00002BCH，剩下的 0.00001 去哪里了呢？

实际上，在一笔交易中，我们可以解锁几百笔 UTXO，然后支付给几百笔交易。只要所解锁的币总数大于所支付的币总数就可以了，多出来的差额，全部成为将这笔交易计入区块的那个记账者（矿工），代码如下所示。

```
    {
        "txid": "ad4aeba5a7cbcfc8d0bcfc8c3a65c1873d272932140b63
98c05b832c707c5da8",
        "hash": "ad4aeba5a7cbcfc8d0bcfc8c3a65c1873d272932140b63
98c05b832c707c5da8",
        "size": 191,
        "vsize": 191,
        "version": 1,
        "locktime": 0,
        "vin": [
            {
                "txid":"348d40b6d5ad30b54ba73d7d573c1ef8837baf2f
91de3fd1ae7b43d50a5d5759",
                "vout": 0,
                "scriptSig": {
                    "asm": "304402204dab791369eff26f478b40d607448
033c1a5d828cf3ff5a65cb0c44579a69cef02202088c2df9130399c4baf4ec
4e7d5836990686f6960322509ce2ee467fa56347941
0333d97d00e33a0e0a3b4d6522803e79a47c5d8a46da26e74ee49b936e8e92
6215",
                    "hex": "47304402204dab791369eff26f478b40d6074
48033c1a5d828cf3ff5a65cb0c44579a69cef02202088c2df9130399c4baf4
ec4e7d5836990686f6960322509ce2ee467fa56347941210333d97d00e33a0
e0a3b4d6522803e79a47c5d8a46da26e74ee49b936e8e926215"
                },
                "sequence": 4294967295
            }
```

```
        ],
        "vout": [
            {
                "value": 20000,
                "n": 0,
                "scriptPubKey": {
                    "asm": "OP_DUP OP_HASH160 1e37e441dbc22c89
f4f9744d008d98ef868222cd OP_EQUALVERIFY OP_CHECKSIG",
                    "hex": "76a9141e37e441dbc22c89f4f9744d008d98e
f868222cd88ac",
                    "reqSigs": 1,
                    "type": "pubkeyhash",
                    "addresses": [
                        "13knEB4THk5UEDyFrNKX187bXw1hUAtUXi"
                    ]
                }
            }
        ]
    }
```

2.7.6 进阶 6：分叉与最长链原则

分叉：矿工在挖矿时，由于哈希值的产生是随机的，再加上网络的延迟，就存在两个矿工 A 和 B 同时挖出同一高度区块的可能，此时区块链出现了分叉，分出了加了 A 矿工新区块的 a 链，以及加了 B 矿工新区块的 b 链。

最长链原则：当其他矿工接收到这两个同样高度的区块时，会选择以先收到的那个区块为上一个区块去构造新的区块。并且继续监听和接收新的区块。如果接下来接收到的新区块有 2 个是在 a 链上找到的，有 3 个是在 b 链上找到的。那么总体来看，b 链就比 a 链长。此时，无论该矿工在哪条链上构造区块，他都必须抛弃 a 链，选择 b 链上的最新区块来构建新区块。这就是所谓“最长链原则”，如图 2.11 所示。被废除的短链上的区块称为“孤块（Orphan block）”。

一般情况下，所有矿工都会这样做，不这样做的矿工，坚持在短链上挖矿，即使建立了新区块，广播出去也不会被多数人接受，他给自己的 12.5 个币的奖励就无法实现。为了防止孤块中奖励给矿工的币被花出去之后造成混乱，系统规定新区块奖励 100 个确认（即此新块后又连续挖出了 99 个区块，在这种情况下，这条链不可能被废弃）。

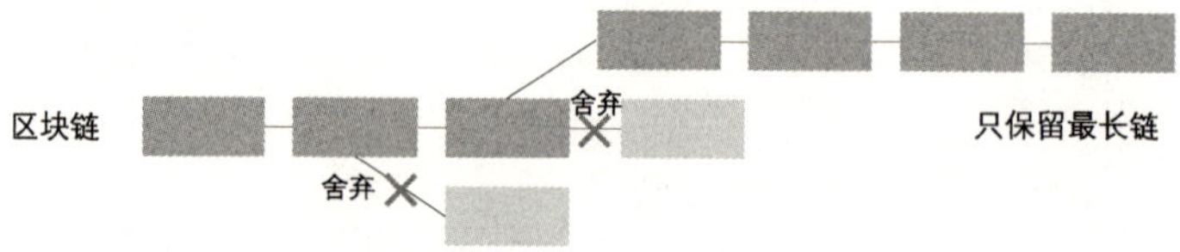

图 2.11　分叉与最长链原则

正常情况下，由于网络传输延迟等问题，分叉是经常发生。早期比特币记账者较少，网络波动较大，常常出现 1～5 个块高度的分叉。现在比特币的网络更加健壮了，一般不会出现超过 2 个高度的分叉。

硬分叉升级：在比特币系统进行升级时，常常出现较长的分叉。这是因为，新的软件版本跟旧的版本不兼容，从而新旧两个系统构造出来的区块互相不认可，这样就会分别在自己认同的区块上不断构造区块，形成两个链。这种情况一般不会持续很久，因为多数矿工（算力）会选择新版本记账，从而会正常出块。而旧版本的算力较少，出块就会很慢，矿工就会损失，不得不放弃旧版本转向新版本。为了减少这种分叉，升级新软件时往往兼容旧软件构造的区块，然后慢慢等待旧版本的升级。这种升级被称为“软分叉升级”。如图 2.12 所示。

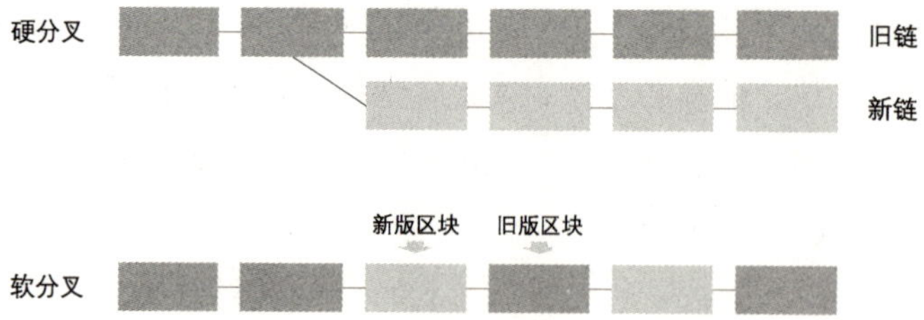

图 2.12　硬分叉升级与软分叉升级

但是，如果整个比特币生态就重大问题出现严重分歧，从而形成了分别执行两种不兼容的软件版本，并且始终不愿意接受对方的主张或路线，那就会出现永久的分叉，也可以说是分裂。不仅是长期并存的两种软件，两个社区，还是两个区块链。由于两个链各自记录自己社区和软件收集记录的交易，从而两个账本记的账完全不同，从而事实上成了两种不同的币。比如 2017 年 8 月 1 日，由于对发展路线产生重大分歧，比特币分裂成了 BTC 和 BCH。

3

密码共识的重要技术演进

在比特币的核心技术基础上，为了避免无谓的能源耗费，提高交易处理性能和扩展更多功能，出现了 DPOS 共识机制、智能合约和 DAG 技术等对密码共识机制的重要改进。

比特币系统的设计奠定了密码共识机制的技术基础，并基本实现了稳定的运行，吸引了越来越多的追随者。这种密码共识在全球范围内实现的无边界的、自由参与的、开源开放的开发和社区激励了很多人热情地投入进来。他们不满足于比特币的既有体系，对比特币提出了一些可能的改进方向。比如认为工作量证明机制（POW）太浪费资源；10 分钟确认交易速度太慢；每秒最多 7 笔交易的处理能力太差；更多复杂的功能未能实现，等等。为此，不断有人试图在比特币系统的基础上进行创新、创新、再创新。其中一些创新已经改变了早期比特币一枝独秀的生态。本章主要介绍目前已经被普遍认可的几项密码共识机制的重大演进。

3.1　POS（权益证明）

对比特币最早的诟病在于工作量证明机制（POW）仅仅为了争夺记账权，耗费大量资源能源，而且随着比特币价格的上涨，耗费的能源会越来越多。为了从根本上解决 POW 机制中大量资源被浪费的情况，权益证明（POS，Proof of Stake）机制运用而生。

3.1.1　设计思路

POS 类似于将财产储存在银行，银行根据你持有数字货币的量和时间，分配给你相应的利息。它根据每个节点所持有代币的比例和时间，等比例地降低挖矿难度，从而加快找随机数的速度。权益证明模式通过计算你持有占总币数的百分比以及占有代币的时间长短来决定记账权。这种共识机制实现了利益捆绑，即大股东比小股东更加关注系统的安全性，如果发动攻击的话，大股东所遭受的损失远超小股东。

我们用一个例子来说明 POS 的共识机制。这里首先引入一个名词币龄，规定每个币每天产生 1 币龄。如果用户持有 100 个币，总共持有了 30 天，那么，此时该用户的币龄就为 3000。这个时候，如果用户发现了一个 POS 区块，该用户的币龄就会被清空为 0。用户每被清空 365 币龄，将会从区块中获得 0.05 个币的利息（假定利息为年利率 5%，实际中可能并没有这么高，比如点点币 PPCoin 的年利率为 1%），那么在这个案例中，利息= 3000 × 5% ÷ 365 = 0.41 个币，即用户持币的利息。

3.1.2 设计理念的优势

POS 的设计理念来自对比特币危机的思考，原因有以下 3 点。

1. 记账权竞争可以不耗费能源

挖矿共识所解决的主要问题是争夺唯一的记账权，以保证账本的一致性。POW 采用不断碰撞目标哈希值的方式拼算力，耗费大量资源。既然系统是人为设计的，为什么不能找一种同样能产生唯一记账权，而不必耗费能源的方法呢?

POS 的解决方案：为了鼓励人们积极参与这个系统的维护，尤其是鼓励人们持币，按照持币的数量和时间来确定记账权似乎是一个不错的主意。这有点类似于资本主义早期按照持有财产的数量和时间来确定选举权的那段历史。

2. 比特币产量衰减长期造成激励不足

比特币的区块产量每 4 年会减半，在不久的未来，随着比特币区块包含的产量越来越低，大家挖矿的动力将会不断下降，矿工人数越来越少，以至于越来越难找到一个 P2P 节点去连接和同步网络数据，整个比特币网络有可能会逐渐陷入瘫痪。

POS 解决方案：在 POS 体系中，只有打开钱包客户端程序，才能发现 POS 区块，才会获得利息，这促使很多不想挖矿的人，也会常常打开自己的钱包客户端，这维持了 P2P 货币网络的健康。

3. 算力集中导致伪造数据

在比特币系统中，多年之后，随着矿工人数的下降，比特币很有可能被一些高算力的人、团队或矿池，进行 51%攻击，导致整个比特币网络崩溃。51%攻击简单来说，就是当出现拥有超过全球 51%的比特币算力时，能将任何数据计入区块链。

POS 解决方案：在 POS 体系中，即使某个势力拥有了全球 51%的算力，也未必能够进行 51%攻击，因为，有一部分的货币并不是挖矿产生的，而是由利息产生（利息存放在 POS 区块中），这要求攻击者还需要持有全球超过 51%的货币量，这大大提高了 51%攻击的难度。

4. 比特币实质上的通货紧缩

比特币货币总量表面看起来是固定的，看似是一个永远不会通货膨胀的体系，然而比特币其实是一个通货紧缩的体系。到 2140 年比特币的新块奖励将降低为 0，此后比特币总量固定在 2100 万个左右，不再增加。考虑到不断会有人丢失私钥，比特币的总量还会不断下降，以比特币为货币的经济体将产生持续的通货紧缩。

POS 解决方案：在 POS 机制下，新币的发行类似于存款利息，存款越多、时间越久就能够获取更多的新币奖励。这个系统的新币发行是持续不断的，是有规律的、轻微的通货膨胀。

较早采用了POS机制的是PPC（点点币），不过为了解决币的初始发行问题（一开始都没有币，无法按照币的数量和持有量确定记账权），PPC采取了先执行POW一段时间后再转向POS机制。另一个影响较大的POS币种为NXT（未来币）。

3.1.3 POS机制的主要问题

POS机制的提出，给出了一种新的分布式共识实现机制，尤其是PPC的出现，在密码货币圈子里吸引了不少追随者。但是，在后续的发展中，POS机制并未对比特币及其POW机制形成实质性的竞争优势，而POS机制的一些问题也逐渐呈现。

1. 导致富者愈富，有失公平性

POS的这种新币产生机制，使得持币数量越大的人能够获取更多的记账机会，从而获得更多新币奖励，从而持币越多，就能够获得更多财富，导致富者更富。这是POW支持者对POS最主要的指责。

2. 导致决策中心化，缺乏演进动力

在POW机制中，系统的演进决策权分散在三个方面，一是开发者的开发权，二是持币者用“脚”投票的权利，三是矿工的记账权。但在POS机制中，持币多的人获得更多记账权，从而不仅有用“脚”投票的权利，还有实际的记账权，从而对系统演进决策产生了决定性作用。难以通过竞争保障决策的压力和有效性。

3. 确认时间长，易分叉

POW 机制在全球范围内竞争记账，从而必须保证足够长的记账间隔，以保证各地记账者有充足的时间收发和验证区块与交易，这导致交易的确认时间延长，延长确认时间就会产生更多地分叉。新的 POS 共识并未解决这个问题。

4. 参与度降低，导致生态萎缩

更加严重的问题是，由于持币较少的用户几乎得不到记账的机会，因此逐渐丧失参与的动力。而刚刚进入密码货币领域的新用户，完全没有记账机会，更加缺乏参与动力。这与资本主义早期凭财富数量和获取时间不能满足平民政治诉求的情况相似，只不过那时平民是通过斗争获取普选权，而在 POS 机制中，人们直接选择用“脚”投票，离开生态。这导致 POS 共识的密码货币逐渐衰落。

3.2 DPOS（委托权益证明）

为了同时解决 POW 和 POS 存在的问题，人们借鉴公司董事会制度(有的也叫议会制度)，发明了委托权益证明 (DPOS，Delegated Proof of Stake) 的共识机制。

3.2.1 设计思路

考虑到现实政治经济中，代议制长期存在的实事，DPOS 机制将每个币视为一张选举票，币的拥有者根据其持有的数量，来投票给自己信任的受托人。这些受托人可以是对系统有贡献的人，或者是选举者认为值得信赖的人。这种投票工作可以在任意时间进行，系统会根据得票多少选出受托人。当然，这些受托人并不一定是持有相当数量币的人。受托人的工作就是签署区块，且在每个区块被签署前，核验前一个区块的真伪。这样币的持有者将权益移交给受托人，而受托人也可以专心从事记账工作。由于受托人进行记账也会获得新币的奖励，所以受托人也会努力拉票，并且维持与持有者的良好关系，从而吸引更多的选票。

3.2.2 设计理念的优势

DPOS 与 POS 的典型架构，如图 3.1 所示。其通过账本间的投票选举出一定数量的代理账本，这些账本之间形成一个共识网络，而其他没有被选举出来的账本则通过代理账本进行主从同步，从而满足减少共识节点参与量的需求。

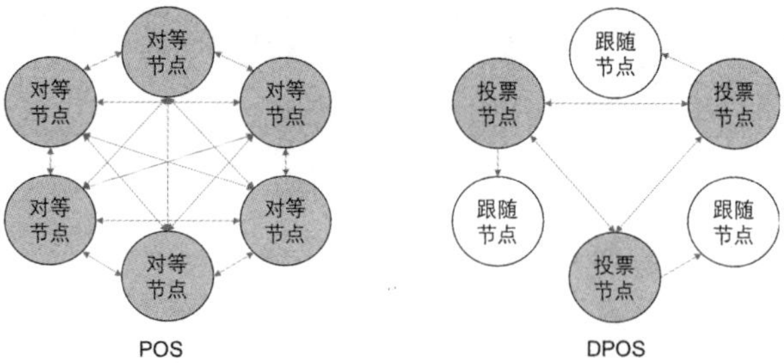

图 3.1 POS 和 DPOS 的典型架构

DPOS 系统仍然存在中心化，但是这种中心化是受到控制的，因为每个客户端都有能力决定哪些节点可以被信任。DPOS 使得这样的区块链网络保留了一些中心化系统的关键优势，同时又能保证一定的去中心化。系统通过公平选举，使每个人都有可能成为代表绝大多数用户的委托人。

DPOS 的优点在于更低的能耗、去中心化以及更快的确认速度。DPOS 机制将节点数量进一步减少，在保证网络安全的前提下，整个网络的能耗进一步降低，网络运行成本降低。目前，对于比特币而言，个人挖矿已经不现实了，比特币的算力都集中在几个大的矿池手里，每个矿池都是中心化的，就像 DPOS 的一个受托人，因此 DPOS 机制的密码货币更加去中心化。POS 机制的密码货币（比如未来币），要求用户开着客户端，事实上用户并不会天天开着电脑，因此真正的网络节点是由几个股东保持的，去中心化程度也不能与 DPOS 机制的密码货币相比。当然 DPOS 也有缺点。主要表现如下。

- 股东投票的积极性不高。投票需要时间、精力以及技能，因此绝大多数持股人从未参与投票。
- 坏节点的处理存在诸多困难。投票选举不能及时有效地阻止一些破坏节点的出现，给网络造成了安全隐患。

3.2.3 DPOS 的具体应用

比特股（BTS）是最早采用 DPOS 共识机制的区块链系统。它让每一个持有比特股的人进行投票，由此产生 101 位代表，我们可以将其理解为 101 个超级节点或者矿池，而这 101 个超级节点彼此的权利是完全相等的。

从某种角度来看，比特股有点像是议会制度。如果代表不能履行他们的职责（当轮到他们时，没能生成区块），他们会被除名，网络会选出新的超级节点来取代他们。比特股产生每个块的时间为 10 秒，一笔交易大约在 1 分钟内得到 6～10 个确认。一个完整的 101 个块的周期大概仅仅需要 16 分钟。而比特币（POW 机制）产生一个区块需要 10 分钟，一笔交易完成需要 1 个小时。同样，点点币（POS 机制）确认一笔交易大概也需要 1 小时。

3.3 智能合约

早在 1996 年区块链未被发明之前，密码学家尼克·萨博（Nick Szabo）就创造性地提出了智能合约（Smart Contract）的概念：一种计算机化的交易协议，可以执行某个合约的条款。他在主题演讲中表示，公有链，如比特币和以太坊，是理想的、安全的、可靠的基础设施，可以用来部署和执行智能合约，从而重新定义目前的合约管理模式。

“你可以将一个自动贩卖机（如图 3.2 所示）想象为一种合约：投入硬币，贩卖机吐出一瓶苏打水并找零。如果设计合约的话会非常烦琐，所以我们选择去创建一种机器带代替。区块链是运行智能合约最安全的环境。将区块链想象为一支相互检查彼此工作的机器人大军。在传统上需要会计和律师的地方，如今我们可以使用这种像自动贩卖机一样的机制来完成各种事情，替代传统合约的工作以及添加密码机制来确保完整性。”

图 3.2　街头常见的自动售货机

3.3.1 什么是智能合约

合约，又被称为“契约”（如图 3.3 所示），是指依照法律订立的正式的证明、出卖、抵押、租赁等关系的文书。从本质上说，合约是双方当事人的合约，双方当事人以发生、变更、担保或消灭某种法律关系为目的的协议，就叫合约（契约）。

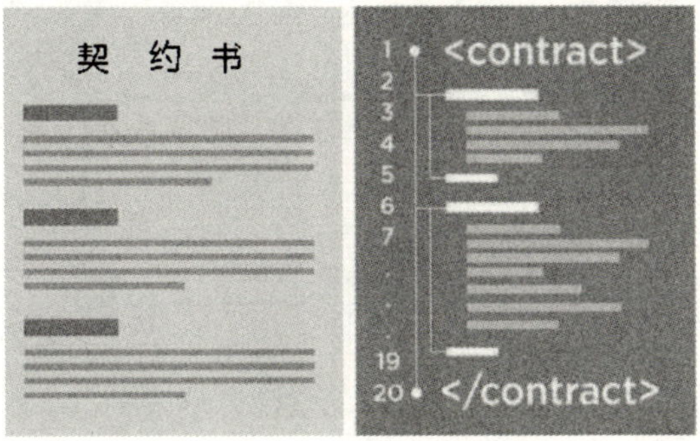

图 3.3 契约书与智能合约示意图

智能合约的本质是一套以数字形式定义的承诺（Promises），包括合约参与方可以在上面执行这些承诺的协议。这意味着合约需要以数字形式写入计算机可执行的代码中，只要参与者达成合约建立的权利和义务的约定，就由一台计算机或者计算机网络自动执行。

传统意义上的合约的生命周期一般包含：各方协商、签名记录、条款执行三个阶段，智能合约也类似。智能合约通常的执行过程可以分为三个步骤（图 3.4 所示为智能合约的执行流程）。

（1）创建合约，锁定数字资产。一般而言，当参与方通过在合约宿主平台上安装合约，致力于合约的执行时，合约就被发现了。

（2）调用合约提供的接口执行程序。“执行”的真正意思也依赖于实施。一般而言，执行意味着通过技术手段实施。

（3）由合约来完成资产的转移。智能合约需要的特定“数字形式（即比特币脚本语言）”，以所属区块链系统的协议实现资产转移。

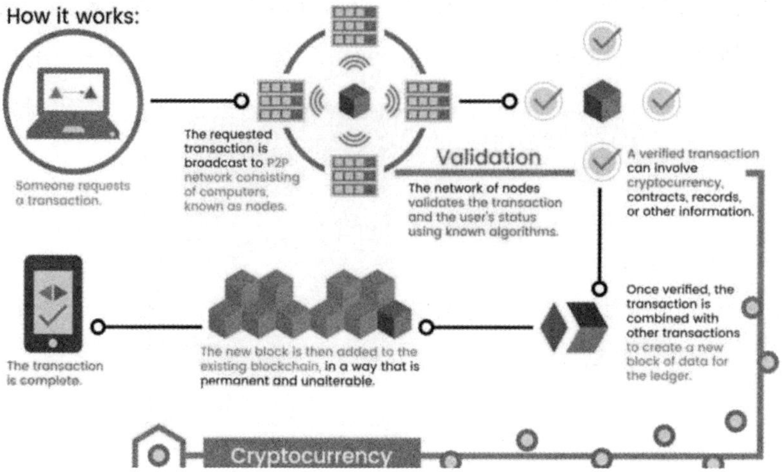

图 3.4　智能合约的执行流程

与传统的合约不同，区块链上的智能合约必须同时具备两种性质：确定性和可终止性。区块链是一个通过多方存储、多方计算的方式来实现数据不可篡改、计算结果可信的分布式系统。智能合约会在区块链网络的多个节点中运行。如果一个智能合约是非确定性的，那么不同节点运行的结果就可能不一致，从而导致共识无法达成，网络陷入停滞；如果智能合约是永不停止的，那么节点将耗费无穷多的时间和资源去运行合约，同样导致网络进入停滞状态。

3.3.2 智能合约的本质

区块链智能合约的本质是将合约条款嵌入到硬件和软件中，是一种直接控制数字资产的计算机程序。按照尼克 · 萨博的观点，自动贩卖机、销售点终端、大公司间的电子数据交换和银行间用于转移和清算的支付网络是智能合约最初的应用实例。然而，智能合约的实践一直严重地落后于理论，一直没有如何将这个理念转变成现实的清晰路径。当区块链出现后，它为智能合约架起了一座虚拟空间和实体空间之间的桥梁。

交易双方在区块链上写入类似“if—else”语句的程序，当预先编好的条件被触发时，程序自动触发支付及执行合约中的其他条款，也就是说，它是储存在区块链上的一段代码，由区块链交易触发。

以赌约为例，举一个简单的例子。

```
If    Event_X_ Occurred:
Bob Send $10 to Alice
Else:
Alice Send $10 to Bob
```

假设 Alice 和 Bob 都同意以 10 美元为赌注，如果 Alice 赢得赌约，那么 Bob 向 Alice 支付 10 美元；否则，反过来 Alice 向 Bob 支付 10 美元。由这个简单的例子可以看出，合约的执行方式是给对应的地址发送交易，并说明调用的方法和参数。因此，合约必须要用到的“数字形式”就是比特币脚本语言。比特币脚本语言是一种非图灵完备的、命令式的、基于栈的编程语言。

在实际中，智能合约的执行可能会复杂得多，有可能会触发多个其他合约，产生数个交易。再举一个现实中的例子。例如，从安全性和可校验的记录管理角度出发，可以用区块链去管理公司股份的所有权。

公司可以将股份转移到一个智能合约中，任何人若将 Y 个单位的密码货币 Z 发送到该合约，该合约就会自动往他的账户中返回 X 个单位的股份，而合约中的这些钱若要提取出来，必须经过5个董事中的3个人的授权。如果公司所在地有相应的监管要求，需要进行某种形式的KYC（Know Your Customer，即充分了解你的客户）认证或对投资者的身份进行限制，只要有人设计了一个基于区块链的KYC和认证平台，可以立刻与该身份认证系统进行互动，并往合约中添加相应的限制，要求只有经过授权的个人才能达成有效的股权购买行为。

3.3.3 智能合约的工作原理

基于区块链的智能合约构建及执行分为如下几步。

1. 多方用户共同参与制定一份智能合约

首先用户必须先注册成为区块链的用户，区块链返回给用户一对公钥和私钥。公钥作为用户在区块链上的账户地址，私钥作为操作该账户的唯一钥匙。两个以及两个以上的用户根据需要，共同商定了一份承诺，承诺中包含了双方的权利和义务，这些权利和义务以电子化的方式被编程为机器语言，参与者分别用各自私钥进行签名，以确保合约的有效性。签名后的智能合约，将会根据其中的承诺内容，传入区块链网络中。

2. 合约通过P2P网络扩散并存入区块链

合约通过P2P的方式在区块链全网中扩散，每个节点都会收到一份。区块链中的验证节点会将收到的合约先保存到内存中，等待新一轮共识时间，触发合约的共识并处理。共识时间到了，验证节点会把最近一段时间内保存的所有合约，一起打包成一个合约集合，并算出这个合约集合的哈希值，最后将这个合约集合的哈希值组装成一个区块结构，扩散到全网。其他验证节点收到这个区块结构后，会把里面包含的合约集合的哈希值取出来，与自己保存的合约集合进行比较，同时发送一份自己认可的合约集合给其他的验证节点。通过这种多轮的发送和比较，所有的验证节点最终在规定的时间内对最新的合约集合达成一致。最新达成的合约集合会以区块的形式扩散到全网，如图 3.5 所示，每个区块包含以下信息：当前区块的 Hash 值、前一区块的 Hash 值、达成共识的时间戳以及其他描述信息。同时区块链最重要的信息是带有一组已经达成共识的合约集，收到合约集的节点，都会对每条合约进行验证，验证通过的合约才会最终写入区块链。验证的内容主要是合约参与者的私钥签名是否与账户匹配。

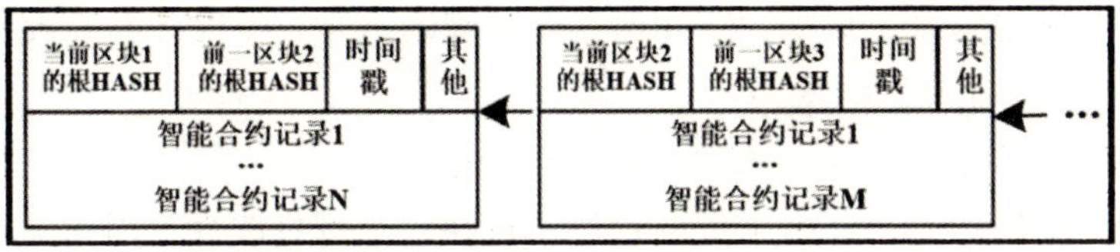

图 3.5 合约通过 P2P 网络扩散并存入区块链

3. 区块链构建的智能合约自动执行

智能合约会定期检查自动机状态，逐条遍历每个合约内包含的状态机、事务以及触发条件。将条件满足的事务推送到待验证的队列中，等待共识，未满足触发条件的事务将继续存放在区块链上。进入最新轮验证的事务会扩散到每一个验证节点，与普通区块链交易或事务一样，验证节点首先进行签名验证，确保事务的有效性。验证通过的事务会进入待共识集合，等大多数验证节点达成共识后，事务会成功执行并通知用户。事务执行成功后，智能合约自带的状态机会判断所属合约的状态，当合约包括的所有事务都顺序执行完后，状态机会将合约的状态标记为完成，并从最新的区块中移除该合约。反之将标记为进行中，继续保存在最新的区块中等待下一轮处理，直到处理完毕。整个事务和状态的处理都由区块链底层内置的智能合约系统自动完成，全程透明、不可篡改。

3.3.4 智能合约面临的挑战

众所周知，智能合约被存放于像以太坊这样的区块链上。这也就意味着，一旦区块链发生问题，智能合约所涉及的交易信息也会受到牵连。区块链本质上是一个共享账本，它使用密码技术以及计算机网络来确保交易信息不会出差错。研究也证明，以太坊的 Parity 钱包漏洞使得用户电子财产会锁死在以太坊，以太坊被锁死的财产总额已经达到 2 亿美元。目前，已知的智能合约面临的安全问题主要来自以下几个方面。

（1）应用安全。比如：在高速公路行驶的汽车，不能让其在充值金额耗尽时，停止在高速公路上。

（2）代码的安全。由于智能合约不可逆，不可更改性，因此需要警觉智能合约中各种微妙的语义变化。其中包括了代码的逻辑错误以及各种代码异常。

（3）交易顺序依赖问题。交易顺序依赖就是智能合约的执行随着当前交易处理的顺序不同而产生差异。例如，有两个交易 T[i]和 T[j]，两个区块链状态 S_1 和 S_2，并且 S_1 状态处理完交易 T[j]后才能转化为状态 S_2。那么，如果矿工先处理交易 T[i]，交易 T[i]调用的就是 S_1 状态下的智能合约；如果矿工先处理交易 T[j]再处理交易 T[i]，那么由于先执行的是 T[j]，合约状态就转化为 S_2，最终交易 T[i]执行的就是状态 S_2 时的智能合约。

我们以一个有奖竞猜合约为例来说明这个安全问题。攻击者提交一个有奖竞猜合约，让用户找出这个问题的解，并允诺给予丰厚的奖励。攻击者提交完合约后就持续监听网络，如果有人提交了答案的解，此时提交答案的交易还未确认，那么攻击者就马上发起一个交易降低奖金的数额使之无限接近 0。当矿工处理这两个交易时，当前交易池就有两个待确认交易：

一个交易是提交答案，一个交易是更改奖金数额。如果矿工先处理的是更改奖金的交易，而攻击者可以通过增加交易费用让矿工先处理自己的交易，那么等到矿工处理提交答案的交易时，答案提交者所获得的奖励将变得极低，攻击者就能几乎免费地获得正确答案。

（4）时间戳依赖问题。矿工处理一个新的区块时，如果新的区块的时间戳大于上一个区块，并且时间戳之差小于 900 秒，那么这个新区块的时间戳就是合法的。这是以太坊协议所规定的。时间戳依赖顾名思义就是指智能合约的执行依赖当前区块的时间戳，随着时间戳的不同，合约的执行结果也有差别。如果有一个抽奖合约，要求由当前的时间戳和其他可提前获知的变量计算出一个“幸运数”，与“幸运数”相同的编码的参与者将获得奖品。那么矿工在挖矿过程中可以提前尝试不同的时间戳来计算好这个“幸运数”，从而将奖品送给自己想给的获奖者。

（5）误操作异常。在以太坊中，一个合约调用另一个合约可以通过 send 指令或直接调用另一个合约的函数。然而在调用过程中可能会出现错误，调用的合约就会回退到之前的状态。那么这个异常就可能无法很好地被调用者获知，这取决于调用方式。例如，通过 send 指令调用的合约应该通过检查返回值来验证合约是否被正确执行。

（6）可重入攻击。在以太坊中，当一个合约调用另一个合约的时候，当前的操作就要等到调用结束之后才会继续。这时，如果被调用者需要使用调用者当前所处的状态，那么这就产生了问题。著名的 DAO 攻击事件就是因为这个漏洞而发生的。

3.3.5 智能合约应用案例

数字商务商会（CDC）、智能合约联盟（SCA）联合德勤发布了一份智能合约白皮书《智能合约：12 种商业及其他使用案例》，这份白皮书贯穿了十几种智能合约能够自动化和重新定义的不同领域。以下总结了 12 种来自该报告的见解，包括智能合约的优点和挑战。

1. 数字身份

就个人而言，智能合约可以让用户拥有和控制自己的数字身份，如信誉、数据和自己的数字资产。智能合约还可以指定哪些个人数据可以或不可以与企业进行共享。白皮书称之为一种“以用户为中心的个人互联网”。

- 优点：个人数据控制；企业不再负责保管数据，减少压力。
- 挑战：单点失败成为黑客攻击目标；第三方机构可能成为数据泄露点。

2. 档案文书领域

围绕规定的合规性实现自动化，例如智能合约轻易可以做到按一定日期要求销毁记录。根据白皮书，智能合同可以用数字化统一商业法典（UCC）备案流程并自动记录更新和发布，同时自动完善银行在创建贷款过程中的证券利息。智能合约需要能够在分布式账本上存储数据，并且不会减缓性能或者破坏数据隐私。

- 优点：降低法律费用；自动贷款跟踪；自动记录处理。
- 挑战：摆脱纸质备案；UCC 和政府备案/归档是手动的，容易出错。

3. 证券领域

随着越来越深入金融技术领域，智能合约用于资本化股权结构表管理能够简化很多事情，如帮助私人公司自动完成股息支付、股票分割和负债管理流程。白皮书认为我们将会看到私人证券市场的应用要比公开证券市场快。智能区块链证券公司 Symbiont 已经开始推动股票证书向使用密码区块链签名的转变。

- 优点：数字化终端到终端的证券工作流程；自动股息支付，股票分割。
- 挑战：基于手动和纸质的流程的更换；中介增加成本和风险。

4. 贸易金融领域

白皮书表示，从全球范围来看，智能合约可以推动简化全球商品转移，带来更多资产的流动性。信用证和贸易支付发起流程自动化可以在买家、供应商和金融机构之间创建一种更高效，风险更小的流程。

- 优点：更快的付款批准；更有效的贸易、运输和合同协议。
- 挑战：实体文件管理；文件欺诈；重复融资。

5. 金融衍生品市场领域

金融技术行业被认为是最大的区块链创新推动者是有原因的。智能合约可以为衍生品（一种具有资产价格的证券）执行一个标准的交易规则集来简化 OTC 金融协议。Symbiont CEO 和智能合约联盟联席主席 Mark Smith 将 OTC 金融协议称为最迅速的智能合约使用案例之一。

- 优点：自动结算和外部交易事件处理；实时位置评估。
- 挑战：多余的 OTC 资产服务流程；纸质交易协议。

6. 金融数据记录

智能合约可以用一种企业级会计账本来准确、透明地记录财务数据。一旦开发出基于区块链的标准、与传统系统的互操作性功能以及简化的交易门户和市场，智能合约可以改进从财务报告到审计之间的所有流程。

- 优点：交易数据的完整性和高透明度，降低会计数据管理成本。
- 挑战：会计制度存在错误与舞弊；资本密集型过程。

7. 抵押贷款

抵押贷款流程一般是一种手动且容易造成混乱的过程。智能合约可以自动化交易的方面包括支付处理、财产扣押权，这些流程的自动化可以使财产封存和抵押贷款协议签署流程更加迅速和高效。不过如果没有基于区块链的数字身份，那么就无法实现。

- 优点：自动释放留置权；减小误差和降低成本；提升财产数据的可见性、可验证性。
- 挑战：各缔约方之间的摩擦（合约、借款方、房地产的产权记录）；数据隐私问题。

8. 土地所有权记录

财产转让和土地所有权方面可以说到处都存在欺诈和纠纷。智能合约可以推动财产转让方式的改善，以提高交易的完整性、效率和透明度。格鲁吉亚、加纳和洪都拉斯都已经在实施用区块链作为土地所有权的记录。

- 优点：避免抵押贷款欺诈。
- 挑战：某一相同的财产具有多个所有者；手动延迟；身份验证。

9. 供应链领域

智能合约能够为供应链的每一个环节提供更高的可见性，与物联网设备进行协调，从工厂到销售点，跟踪被管理的资产和产品。像 Everledger 和 IBM 这样的企业已经将区块链用于供应链的可见性，比如跟踪珠宝和猪肉产品。

- 优点：简化复杂的多重机构系统；跟踪库存；降低欺诈和盗窃风险。
- 挑战：数据不兼容和供应链盲点。

10. 汽车保险领域

在汽车行业，智能合约可以自动化保险索赔流程，提供接近瞬时的处理、验证和付款流程。简而言之，如果两辆车相碰发生交通事故，那么他们可以在几小时或几天内通过保险解决索赔，而不是几周或者几个月。汽车保险理赔流程令人沮丧，非常不连贯，而智能合约能够帮助优化整个流程。

- 优点：使用传感器为车辆带来一种“自我意识”和损失评估；提供一种保单数据存储库。
- 挑战：主观损伤诊断困难；重复的形式和保险商验证。

11. 临床试验

当涉及参与者的数据隐私和监测所涉及的试验时，临床试验或涉及人的医学研究通常都是一些敏感的协议。智能合约可以成为一种用于跨机构可见性的机制以及创建基于隐私的规定，改善机构间的数据共享，同时自动化跟踪患者的同意协议。白皮书称之为临床试验社区中“积极破坏”的潜在力量。

- 优点：增加试验的可视性；数据共享；患者自动同意协议；保护病人隐私。
- 挑战：申报不足；不一致的同意管理；机构延迟。

12. 癌症研究

白皮书指出，智能合约可以“释放数据的力量”，以促进癌症研究的共享。类似于临床试验，智能合约可以自动化使患者同意数据的管理和鼓励数据共享，同时维护患者隐私。

- 优点：数据共享；保护病人隐私。
- 挑战：烦琐的、跨机构的研究共享。

3.4 侧链

侧链技术在设计之初是为了解决比特币系统上出现的越来越多不能得到满足的新需求。这是因为对已达成共识的比特币系统关键部分实施变更，必须非常保守地来处理，需要获得多数矿工的支持。如果重新开发新的区块链，会造成大量重复性的工作，并且需要不断地发行新的数字资产，在此需求背景下，侧链技术应运而生。在之后对侧链技术的研究中，侧链技术实现了更多的功能，比如可以让数字资产在不同区块链之间相互转移，有助于各种竞争的稳定，解决比特币系统交易吞吐量和交易速度所面临的问题，实现区块链的可扩展性。

3.4.1 什么是侧链技术

侧链，是相对主链而言，平行于主链的另一条区块链，本质上是一种跨区块链解决方案。它允许你将你的币从一个区块链移动到另一个区块链，然后在另一个区块链上使用它们，之后还可以将它们移回到原来的区块链上，这一过程完全不需要第三方存在。由于侧链是独立的系统，因此技术与理念上的创新不会受到主链的局限，从而弥补主链功能的不足，即使出现创新失败或者恶意攻击，所受的损害也只限于侧链本身。

侧链作为主链的新功能或新业务逻辑的“试验田”，一方面帮助主链试行、扩展新功能，另一方面随着主链本身无法具备的业务逻辑在侧链上的实现，围绕主链可更进一步搭建起一个覆盖各种业务需求的产业生态圈。

3.4.2 技术原理

侧链使用的技术大体与主链相似，侧链技术的核心在于与主链之间建立起桥梁，这一技术的基础是双向锚定（Two-way Peg），通过双向锚定技术，可以暂时实现将数字资产锁定在主链中，同时将等价的数字资产在侧链中释放出来，同样当等价的数字资产在侧链中被锁定的时候，主链的数字资产也可以被释放。双向锚定实现的最大难点是协议改造需兼容现有主链，也就是不能对现有主链的工作造成影响，其具体实现方式可以分为以下几类。

1. 单一托管模式

最简单的实现主链与侧链双向锚定的方法就是通过将数字资产发送到一个主链单一托管方（类似于交易所），当单一托管方收到相关信息后，就在侧链上激活相应的数字资产。这个解决方案的最大问题是过于中心化。图 3.6 所示给出了以比特币为主链的单一托管模式的工作原理示意图。

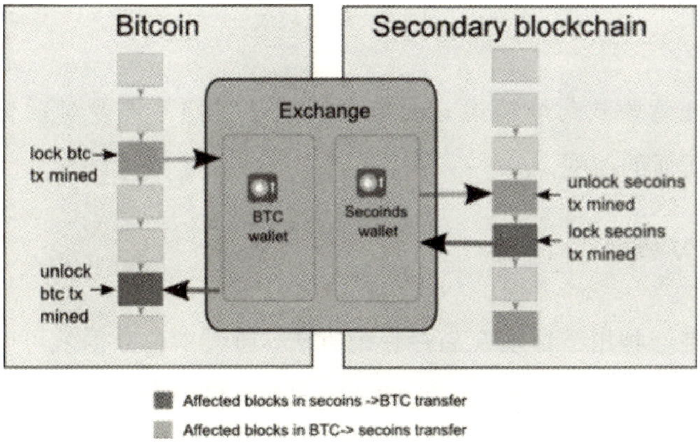

图 3.6 单一托管模式

2. 联盟模式

联盟模式是使用公证人联盟来取代单一的保管方，利用公证人联盟的多重签名对侧链的数字资产流动进行确认。在这种模式中，如果要想盗窃主链上冻结的数字资产就需要突破更多的机构，但是侧链安全仍然取决于公证人联盟的诚实度。图 3.7 所示给出了以比特币为主链的联盟模式的工作示意图。

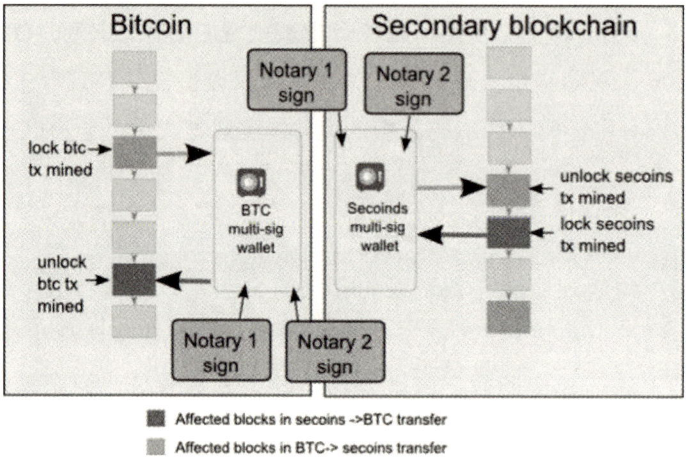

图 3.7 联盟模式

单一托管模式与联盟模式的最大优点是它们不需要对现有的比特币协议进行任何的改变。

3. SPV 模式

SPV 是一种用于证明交易存在的方法，通过少量数据就可以验证某个特定区块中的交易是否存在。在 SPV 模式中，用户在主链上将数字资产发送到主链的一个特殊的地址中，这样做会锁定主链的数字资产，该输出仍然会被锁定在可能的竞争之中，在确认相应的交易已经完成后，会创建一个 SPV 证明并发送到侧链上。此刻，一个对应的带有 SPV 证明的交易会出现在侧链上，同时验证主链上的数字资产已经被锁定，然后就可以在侧链上打开具有相同价值的另一种数字资产了。这种数字资产的使用和改变在稍后会被送回主链。当这种数字资产返回到主链上时，该过程会进行重复。它们被发送到侧链上锁定的输出中，在一定的等待时间后，就可以创建一个 SPV 证明来将其发送回主区块链，从而解锁主链上的数字资产。SPV 模式存在的问题是需要对主链进行软分叉。图 3.8 所示给出了比特币主链上 SPV 模式的工作流程示意图。

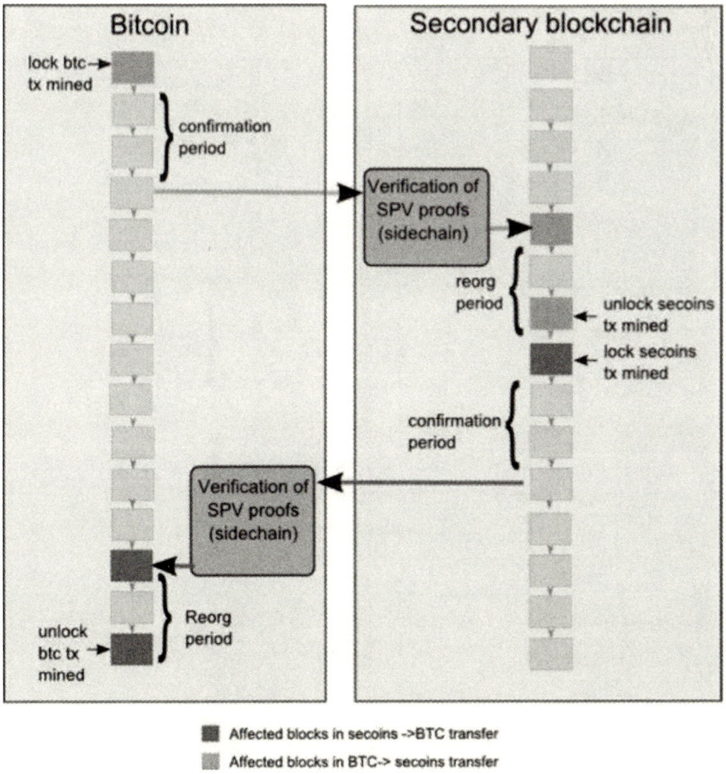

图 3.8 SPV 模式

4．驱动链模式

在驱动链中，矿工作为“算法代理监护人”，对侧链当前的状态进行检测。换句话说，矿工本质上就是资金托管方，驱动链将被锁定的数字资产的监管权发放到数字资产矿工手上，并且允许矿工们投票何时解锁数字资产和将解锁的数字资产发送到何处。矿工观察侧链的状态，当他们收到来自侧链的要求时，他们会执行协调协议以确保他们对真实性的要求达成一致。诚实矿工在驱动链中的参与程度越高，系统整体安全性也就越高。如同 SPV 侧链一样，驱动链也需要对主链进行软分叉。图 3.9 所示给出了以比特币为主链的驱动链模式的工作流程示意图。

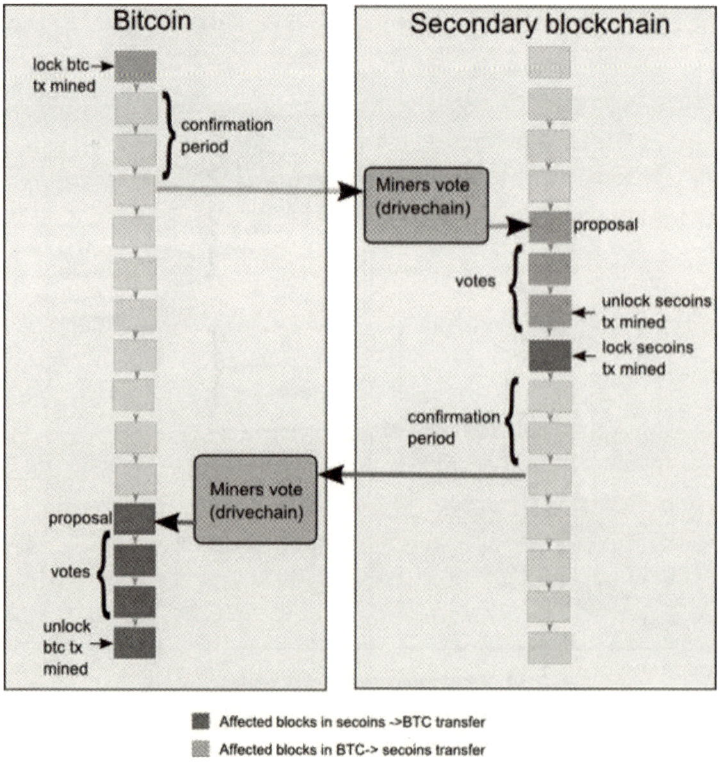

图 3.9　驱动链模式

5. 混合模式

上述所有的模式都是对称的，而混合模式则是将上述获得双向锚定的方法进行有效的结合的模式。由于主链与侧链在实现机制上存在本质上的不同，所以对称的双向锚定模型可能是不够完善的。混合模式是在主链和侧链使用不同的解锁方法，例如在侧链上使用 SPV 模式，而在主链网络上则使用驱动链模式。同样，混合模式也需要对主链进行软分叉。

3.4.3　侧链典型应用案例

目前，比较著名的侧链包括基于比特币网络的侧链 RSK、BTC Relay、Rootstock 的 Liquid，以及非比特币的侧链，如 Lisk 和 Asch 等。

1. RSK（Rootstock）

RSK 是一种双向挂钩侧链，它将智能合约的功能移植到了比特币网络。RSK 还引入了一种链下协议，用于所谓的“接近即时的”支付。RSK 通过在比特币上搭载侧链，使比特币具备与以太坊竞争的智能合约功能。作为一个侧链，RSK 是一种独立的区块链。然而，它并没有自己的代币，而是使用比特币作为其货币。在 RSK 链上的一个 RSK 代币的价值就是一个比特币的价值。同时，用户（这就是“双向”部分）能够在两条链之间自由移动自己的代币。从本质上讲，用户的比特币会成为一种存储类型，比特币被锁定，然后用户获得 RSK 代币也就是 SmartBTC。你可以当作这是将自己的比特币放到一个支票账户，然后使用 RSK 网络来支出这些比特币。

2. BTC Relay

BTC Relay 是由 ConsenSys 推出的基于以太坊区块链智能合约的侧链

解决方案。BTC Relay 把以太坊网络与比特币网络以一种安全去中心化的方式连接起来。BTC Relay 通过使用以太坊的智能合约功能允许用户在以太坊区块链上验证比特币交易。以太坊 DApp（分布式应用）开发者可以通过智能合约向 BTC Relay 进行 API 调用来验证比特币网络活动。

3. Liquid

Liquid 是 Blockstream 的开源侧链项目，使用了比特币双向锚定技术，Liquid 的目的是实现比特币在主链和侧链中互转，旨在提高隐私性、降低成本、加速交易所和经纪商之间的价值转移及结算流程。

4. Lisk

Lisk 是一个致力于为 JavaScript 开发者提供创建分布式应用程序的区块链平台，由德国的 Max Kordek 和 Oliver Beddows 于 2016 年年初成立。它让每一个分布式应用程序都会在自己独一无二的区块链上，也就是侧链上运行，这种封装使得 Lisk 的主网高效、迅速和精简。

5. Asch

Asch 是国内推出的一个基于侧链技术的去中心化应用平台，由单青峰于 2016 年年初成立。Asch 平台提供的服务包括一个主链和一套应用软件开发工具包。Asch 的主链主要负责构建基础设施、应用间的数据共享以及资产路由，应用软件开发工具包内置了侧链协议，主要负责构建具体的应用，通过侧链协议可以与主链进行资产互通。

3.5 DAG 链

比特币采用链式的存储结构，整个网络中同时只能有一条区块链，导致出块无法并发执行，因此比特币的效率一直为人所诟病。

3.5.1 DAG 的性质

图 3.10 所示为区块链存储结构。每个数据区块包含区块头和区块体。区块头封装了当前版本号、前一区块哈希值、当前区块 POW 要求的随机数（Nonce）、时间戳，以及 Merkle 根信息。区块体则包括当前区块经过验证的，区块创建过程中生成的所有交易记录。这些记录通过 Merkle 树的哈希过程生成唯一的 Merkle 根并记入区块头中。

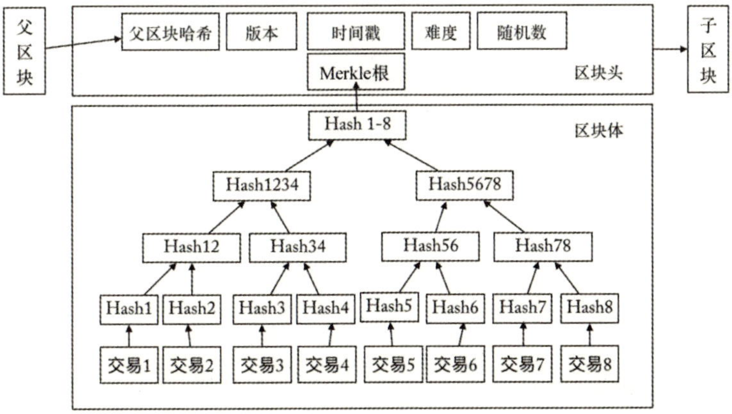

图 3.10　区块链存储结构

区块体内部在存储交易记录时，首先将相邻交易记录的哈希值两两衔接之后再哈希，从而获得第二层节点的哈希值，然后将相邻的第二层节点哈希值两两衔接再次哈希，获得第三层节点哈希值，以此类推，直到获得唯一根节点的哈希值。这样，就搭建起一个两两分叉、由下层节点可单向推导出上层节点哈希值的逻辑树结构，即 Merkle 树。

为了提高区块链的效率，在 NXT 社区首次提出了有向无环图（DAG，Directed Acyclic Graph）跟区块链结合的方案，以下简称为“DAG 链”。DAG 是图论中一个常用名词。在图论中，如果一个有向图无法从某个顶点出发经过若干条边回到该点，则这个图是一个有向无环图（DAG 图）。如图 3.11 所示是一个拥有 6 个节点的有向无环图。由于有向无环图独特的拓扑结构，经常被用于动态规划中寻求最短路径。

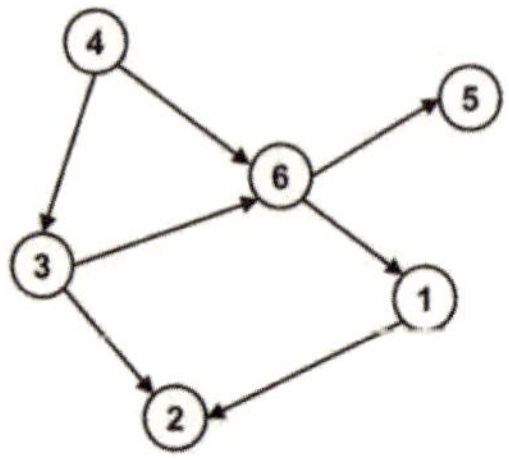

图 3.11　一个拥有 6 个节点的有向无环图

3.5.2　DAG 链的工作原理

在图论中，相比于一般图，DAG 的很多问题可以在多项式级甚至线性复杂度较高的条件下得到求解。DAG 具有以下几条数学性质。

（1）DAG 具有拓扑顺序，即 DAG 的所有节点可以转换为节点序列（线性化），使得每条边的起始节点位于终止节点之前，且该过程可以在线性复杂度较高的条件下完成。

（2）DAG 中相互连通的节点可以进行排序，如果从节点 u 出发可到达节点 v，则可称为 u≤v。

（3）DAG 具有唯一的传递闭包。

(4) DAG 具有唯一的传递规约，传递规约的边数最大不超过 v−1 条（v 是 DAG 的节点数）。

(5) DAG 中给定两个节点，其最短路径和最长路径可以在线性时间内求解。

DAG 链是不同于主流区块链的一种分布式账本技术，是区块链行业的一次较大的创新，DAG 技术给高并发的交易提供了最具前景的解决方案，把区块链二维的模式提升到三维，把同步记账提升为异步记账。DAG 链没有区块的概念，所以没有区块容量的限制。DAG 链通过新交易验证并引用旧交易的方式进行交易确认，允许用户的账本之间存在临时性的微小差异，通过短时间内弱化数据块全网一致性的方式，达到不发生交易阻塞的效果。

当用户想要将数据添加到数据库时，创建一个新的存储单元（Unit），然后向其他节点进行广播。每个存储单元主要由三个部分组成。

(1) 所需存储的数据。一个单元可包含多个数据包（也称为消息）。有多种不同类型的消息，每个消息都有它自己的结构。其中一种消息类型是用于发送付款（Payment）的消息。

(2) 创建 Unit 的一个或多个用户的签名。用户标识通过地址唯一进行标识。个人用户可以拥有多个地址，比如比特币。在最简单的情况下，同样类似于比特币，地址是源于公钥的。

(3) 一个或多个前序 Unit（父母节点）所确定的哈希值。如图 3.12 所示。

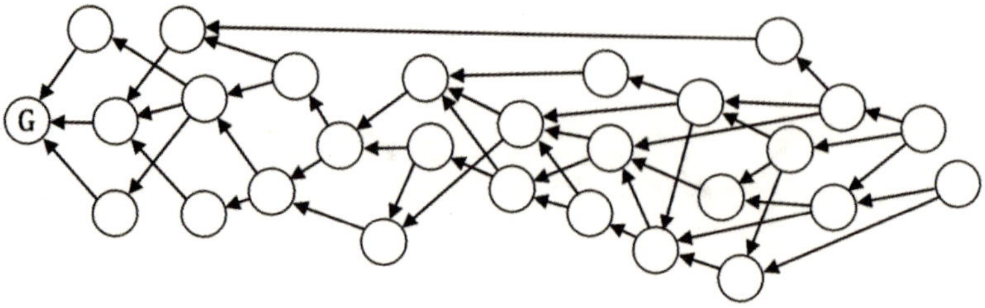

图 3.12　DAG 链结构（箭头是从孩子节点指向父母节点，G 为创世节点）

DAG 链网络节点规模越大、交易量越大，则交易确认时间越短。通过改变区块的链式存储结构，在区块打包时间不变的情况下，网络中可以并行地打包 N 个区块，网络中的交易就可以容纳 N 倍。图 3.12 显示的是 DAG 链结构。用 DAG 链的拓扑结构来存储区块，是类似侧链的解决思路，不同的链条存储不同类型的交易，这样降低出现双花的可能，在之后某个节点需要合并的时候，几个分支再归并入一个区块。

3.5.3　DAG 链的共识机制

从任何一个顶端单元出发到达创世单元的最优路径称为候选主链（Candidate Mainchain）。最优路径通过选择最优父单元产生，选择策略用于保证整个网络的安全性。不同的候选主链会在某个单元位置交叉（最差的情况是在创世单元交叉），该交叉点称为稳定点（Stable Point）。对于所有候选主链，从稳定点到创世单元的路径完全相同，该路径称为稳定主链（Stable Mainchain）。稳定主链是一条确定的路径，从候选路径变为稳定主链是一个从不确定逐渐变成确定的过程。后续讨论中，如果没有明确区分，主链一般指的是候选主链（如图 3.13 所示）。

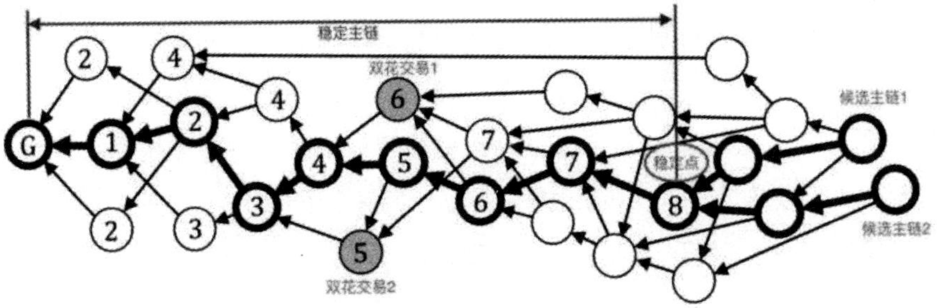

图 3.13　主链示意图

在用户地址发出新单元时，要求相同地址发布的所有单元应当直接或间接包含该地址之前所有的单元，即相同地址的所有单元连通（有序或连续）。

下面来讨论 DAG 链中如何解决双花交易。

双花交易，即相同地址发出的任何无序的交易都视为双花交易，即使它们没有使用相同的输出，也可称为冲突交易或者矛盾交易。

因此，在相同地址的所有单元都连通的情况下，在路径上出现较早的交易为有效交易。如果有攻击者特意制造出双花交易，那么可以通过主链序号来解决，主链序号较小的交易为有效交易。如图 3.13 中，给定一条主链，与之相关的所有单元均可以在此基础上进行排序，其序号称为主链序号（MCI，Main Chain Index）。创世单元的 MCI 为 0，依次加 1 直到链尾。对于不在主链上的单元，其 MCI 等于主链上最先包含（直接或者间接）该单元的那个单元的 MCI。MCI 代表了从主链视角来看单元在 DAG 中的总序，对于发生冲突的双花交易，MCI 较小的单元为有效单元。当出现双花交易时（图中节点 5 和节点 6），在完整顺序中出现较早的交易被视为是有效的，其他的交易则被视为是无效的。

根据上面的分析可知，所有候选主链在稳定点之后到达创世单元的路径完全相同，即稳定主链成为最终状态。这也意味着，从稳定主链上单元直接或间接包含的那些单元也将无法再被篡改。因此，只要随着新单元的不断加入，稳定点可以不断地向后扩展，且不同的用户节点的稳定点扩展方式保持一致，则全网的所有用户节点可以实现共识。

3.5.4 DAG 链的应用

目前采用DAG作为存储结构的代表项目有DAGCoin、Byteball、IOTA。回顾一下比特币网络中交易和共识的概念。区块链共识是通过一个非常严格的机制来完成的，区块链中添加下一个区块需要多方进行竞争，并获取区块奖励或交易手续费。正因如此，传统比特币的共识和交易生成是分离的，由网络的一小部分人来完成共识，通常会设置较高门槛（就像比特币一样），这样会导致竞相挖矿。而 DAG 链对交易和共识进行了统一。

DAGCoin 的思路，让每一笔交易直接参与维护全网的交易顺序。这样交易被发起后直接跳过打包区块的阶段，直接融入全网，如此达到所谓的无区块（Blockless）效果。这样省去了打包交易出块的时间。如前所述，DAG 最初跟区块链的结合就是为了解决效率问题，现在不用打包确认，交易发起后直接进入确认网络，理论上效率自然提高很多。

Byteball 通过包含它的父母交易，每一个新的交易也可以间接地包含和确认所有父母交易的父母，以此类推。随着添加的交易越来越多，收到的确认数也会像滚雪球一样一直增加，所以 Byteball 采用了一个非常形象的名字。

IOTA 是为物联网（IoT）设计的一个革命性的新型交易结算和数据转移层。它基于新型的分布式账本——Tangle。Tangle 能够克服现有区块链设计中的低效性，并为去中心化 P2P 系统共识的达成创造了一种新方法。通过 IOTA 进行转账不需要支付手续费，这也就意味着，无论是多小额的支付都能通过 IOTA 完成。同时，IOTA 也创新了共识方法，具体来说，每位网络成员都能发起交易，直接或间接地确认过去的交易。IOTA 直接定位两笔交易（主交易和分支交易），且间接在子 Tangle 中定位其他交易。通过这种方式，验证就能同步进行，网络能够保持完全去中心化，不需要矿工传递信任，也不需要支付交易手续费。

4

密码共识资产谱系

密码共识机制的兴起很大程度上得益于比特币价格升值所带来的财富效应，它鼓励人们模仿和改进比特币，在推进密码共识机制演进的同时，产生了一系列新的密码共识资产。

4.1 密码货币相关概念

货币是商品交换发展到一定阶段的产物，从实物货币到金属货币，从金属货币到纸质货币，货币的形态也经历了从低级形态到高级形态的发展历程。随着网络技术的发展，为了在互联网上实现货币的转移与支付，20世纪 90 年代人们创新出非实物货币这一新的货币形态，通常被称为“数字货币”，也称“虚拟货币”。这种新的货币形态迅速发展为互联网广泛使用的支付工具。

有人将比特币称为数字货币，有人称之为虚拟货币，还有人称之为密码货币。有的认为数字货币是虚拟货币的一种，有的认为刚好相反。在多数情况下，人们将数字货币、电子货币、虚拟货币等概念混用，没有给予明确的区分。因此有必要对这些概念进行梳理，其类型及相互关系应如图 4.1 所示。

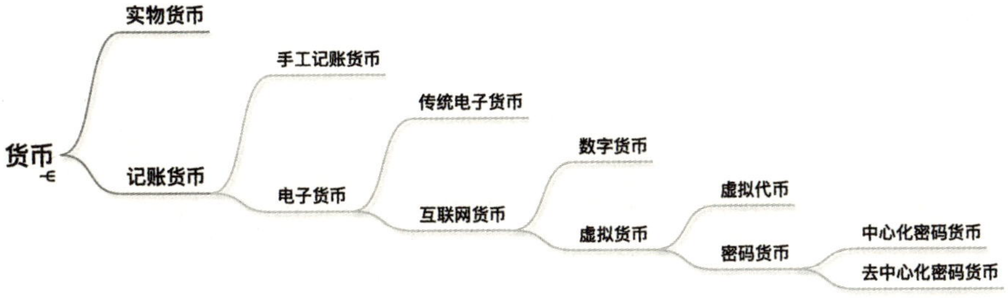

图 4.1 货币的各种形态

（1）实物货币：以实物形式存在，以实物交割实现支付的货币。比如早期的牛羊、小麦、贝壳，以及后来的金银、铸币、纸币等。

（2）记账货币：相对于实物货币，以记录在某种介质上的数字表示财产数量和支付关系。其历史几乎跟实物货币一样久远，最早人们刻画在树干上、石头上，后来写在纸上，现在记录在存储设备上。

① 手工记账货币：人们记录在树干上、石头上、墙壁上、纸上的记账货币。

② 电子货币：以电子数据的形式记录和传播的记账货币。当电报出现之后，金融机构虽然还用纸质记录账本，但已经开始用电报传播交易，这算最早的电子货币形式，后来有了专用网络、互联网等传播形式，并且记录介质也逐渐电子化。

- 传统电子货币：相对于互联网货币，仍然通过传统的银行间网络体系传播结算的电子货币。
- 互联网货币：通过互联网进行传播的电子货币。

  - 数字货币：以法币为基础，借助于互联网传播的电子货币。如PayPal、支付宝、微信支付等。

  - 虚拟货币：脱离了法币形成的，通过互联网传播的电子货币。2014年，欧洲银行管理局（European Banking Authority）给出了有关虚拟货币的最新定义，即“虚拟货币是价值的一种数字表达，它不是由中央银行或某个公共权威机构发行，也不一定与某一法定货币挂钩，但被自然人或法人接受用于支付手段，可以进行电子化转移、储藏或交易。”

- 虚拟代币：指的是一些非国家权威机构发行的类似货币功能的数字货币。比如腾讯发行的QQ币，各种游戏币。
- 密码货币：采用了非对称密码技术改造账户系统的，不由传统纸币发行单位发行的虚拟货币。可分为中心化密码货币和去中心化密码货币两种情况。
  - ※ 中心化密码货币：指的是不采取分布式账本，或不开放分布式记账的密码货币，比如瑞波币（Ripple）、恒星币（Stellar）。
  - ※ 去中心化密码货币：指采用了分布式账本、非对称密码、区块链和某种共识记账方式的密码货币，如比特币、点点币等。

通过这个分类关系，可以看到，比特币是一种运用了非对称密码技术、去中心化的电子记账货币。它既不同于法币基础上的电子货币，也不同于公司或其他中心组织发行的虚拟代币，它是一种全新的货币系统。

4.2 参数修改币

2009年1月3日比特币系统运行后的一年时间里，比特币只是极少数人关注的实验品。直到2010年2月6日诞生了第一个比特币交易所，5月22日有人用10000个比特币购买了2个比萨，尤其是2010年7月17日著名的比特币交易所Mt.gox成立，标志着比特币真正进入了市场，其价格快速攀升。一方面激发了人们对密码共识技术的兴趣，另一方面也产生了一定的财富效应。由于比特币是完全开源的，所以开始有人复制比特币的源码，修改一下参数或按照自己的理解进行“优化”，便可以发行一种类似于比特币的新密码货币。早期，这些拷贝之后修改参数形成的密码货币，被统称为“山寨币”，比如莱特币、狗狗币、羽毛币、无限币等，如表 4.1 所示。据不完全统计，现时已知的仿比特币型的数字币就已超过 1500 种，这之中 99%都已经成了“归零币”（价值=0）。

专业用语“龟苓膏”，本来是一种保健食品，由于有“归零”的谐音，常常被人用来嘲讽某种密码货币毫无价值，即将归零。

表 4.1　比特币与山寨币参数比较

货币名	符　号	创始人	发行时间	记账间隔	总　量	备　注
比特币	BTC	中本聪 Satoshi Nakamoto	2009.1.3	10 分钟	2160 万	SHA-256
莱特币	LTC	李启威 Charlie Lee	2011.10.7	2.5 分钟	8400 万	Scrypt
狗狗币	DOGE	Billy Markus	2013.12.12	1 分钟	1000 亿	Scrypt
羽毛币	FTC	Peter Bushnell	2013.4.16	2.5 分钟	3.36 亿	Scrypt
无限币	IFC	Ifccion 团队	2013.6.5	30 秒	906 亿	Scrypt

4.3　共识改进币

在密码共识机制中，分布式账本和区块链是绝大多数密码资产共同的部分，但是竞争记账的共识机制则有很大差异。比特币采取的是运用算力寻找随机数，来碰撞特定要求（前 N 位为 0）的目标哈希值，进而决定记账权的归属。

比特币挖矿实际是性能的竞争、装备的竞争、算力的竞争，2018 年 5 月 11 日，比特币的全网算力为 29.1EH/s，即全球比特币系统的算力为，每秒钟可以进行 SHA-256 哈希运算 29×10^{18} 次。这些运算完全是为了竞争记账权，这会消耗大量的电力。由于比特币挖矿是完全开放的，只要挖矿的利润率（即挖矿收益减去挖矿耗费除以挖矿耗费）高于市场平均利润率，就会有新的资本投入挖矿，从而导致算力上升，在每 10 分钟总奖励不变的情况下，单位算力收益下降。

也就是说，通过竞争，比特币挖矿的耗费将会接近于其收益。按照目前每 10 分钟生产一个区块，每区块 12.5 个比特币的奖励计算，每天产生的新币为 12.5×（24×60÷10）=1800 个比特币，按每个比特币 5.5 万元人民币的价格计算，总价值接近 1 亿元人民币。假设主流资本还没有充分进入比特币挖矿领域，从而竞争尚不十分充分，在每天挖矿产出的 1 亿元中，用于挖矿电力损耗、设备损耗、人工耗费等的成本估计在 6000 万元以上应当是合理的估值。这每天 6000 万元的能源/资源消耗完全是比特币的记账“猜谜耗费”。这也是许多人反对比特币的最重要原因。

4.3.1 POS（权益证明）共识——点点币 PPCoin

由于比特币存在挖矿耗费全球算力、浪费电力的弊端，大家就提出了修改比特币 POW（工作量证明机制）的共识机制。首先就是在 2012 年 8 月 19 日正式发布点点币 PPCoin，采用 SHA-256 哈希运算，其最大创新是采用 POS（Proof of Stake，权益证明）的共识机制，试图解决 POW 机制中大量资源被浪费的问题。

点点币在刚发布时大家非常看好，但是存在记账效率低、富者越富的弊端，持有币越多的人记账成功的概率越大，获得的奖励就越多，以至于新人不愿意加入。

4.3.2 DPOS（委托权益证明）——比特股 Bitshare

比特股就是使用 DPOS 机制运行的密码货币，股份分配通过 50%挖矿和 50%众筹的方式产生，采用全新的代码开发，比特股不但有发行资产和交易资产的功能，还可以通过“抵押发行”方式能够锚定实物资产，如美元的价值，是一个去中心化的银行和交易所，比特股目前总量约为 25 亿个。

比特股是一种多态数字资产，这意味着它可以演化成多种不同形态的比特资产（BitAssets）。比特股除了拥有比特币的所有特性以外，还提供了一些新的特性，使得持有比特股或者由比特股衍生的比特资产超过 24 小时后可以获取红利，这些红利来自挖矿奖励和交易费用的一部分，会奖励给每个区块，并且以一种不增加网络负担的方式分发。

4.4 功能拓展币

在认同比特币的去中心化货币功能的同时，不少支持者认为，在比特币的系统上其实可以做更多的事情，从而有了对比特币系统功能的早期拓展尝试，这也是后来兴起的“区块链应用”的最初形态。

4.4.1 交易功能：BTS

比特币兴起之后，人们开始在交易所里买卖比特币，有些因为好奇、有些为投资，有些是投机。由于比特币的无国界性质，这时的交易所都毫无监管，服务全球用户。时常出现交易所跑路、被盗、倒闭的情况，其中监守自盗的情况并不少见。为此，密码货币爱好者强烈希望建立去中心化的交易所，著名的 BTS 是较早的尝试。

比特股（BitShares，简称 BTS）是一个建立在区块链技术上的开源商业系统，是一个去中心化的交易平台，系统内置数字资产发行与交易功能。由 3I 公司开发，结合了中心化的全球支付系统（如支付宝），中心化的数字货币交易所（如比特币中国），中心化的证券交易所（如纳斯达克）的系统。比特股可以理解为：BTS = BTC + BTCC + BitPay。它也是没有热钱包被盗风险、不会印白条发假币、没有作恶可能的交易所。

比特币作为最早期的数字货币，设计中存在许多问题，比如交易平台的脆弱、技术和学习的门槛高、挖矿成本的急剧上升、开发滞后、对立的社区等，而比特股能够解决这些问题，所以在行业内把它称为比特币 2.0。有人称，比特股将是未来的全球支付宝，可以在互联网中无国界地进行快速支付，相对于传统电汇，就像电子邮件和写信的差距，比特股在跨国购买虚拟商品服务等方面有着明显的优势。

4.4.2 匿名功能：Dash、Zcash、Monero

比特币经常被作为一种匿名币，因为比特币在不用提供任何个人身份信息的情况下可以发送和接受比特币。然而，比特币本身在大多数情况下并不是百分之百匿名的，因为涉及该地址的每一项交易都将永久保存在该区块链中，只要我们追踪交易记录就难以匿名，除非将地址封存。我们一直无法找到中本聪本人，是因为创世区块地址的币一直被尘封，没有发送交易的记录。

（1）达世币（Dash）的混币

达世币（Dash）就是利用混币的原理实现其交易过程的匿名。Dash 在 2014 年发布白皮书，原名叫暗黑币，发行总量为 1890 万个，是在比特币的基础上做了技术上的改良，具有良好的匿名性和去中心化特性，是第一个以保护隐私为要旨的数字货币，其自称为“下一代 P2P 网络”。

达世币是一种可线上操作的数字货币。用户可以使用达世币进行安全的在线即时支付，商户则可以为店内添加由全球千万用户所建立的开源支付平台，直接使用达世币购物，通过达世币钱包进行即时、安全的交易。

（2）零币（Zerocash）的零知识证明

零知识证明，英文名为Zero-Knowledge Proof，是由S. Goldwasser、S. Micali以及C. Rackoff在20世纪80年代初提出的，它是指证明者（被验证者）能够在不向验证者提供任何有用的信息的情况下，使验证者相信某个论断是正确的。零知识证明实质上是一种涉及两方或更多方的协议，即两方或更多方完成一项任务所需采取的一系列步骤。

Zerocash（其代币为ZEC）依赖于零知识证明的密码学手段使交易过程完全匿名，这是其最大的亮点，正是这一点使得Zerocash自提出以来便备受关注。

虽然Zerocash在市场热度曾一度很高，但仍面临诸多障碍，其所需要的证明信息所花费的计算资源就非常多，带来了大量的资源浪费，也导致了其可扩展性面临巨大挑战。

（3）门罗币（Monero）的环形签名

环形签名来自这样的故事，古时候群臣向国王进谏时，为了不让国王知道是由谁带头签名上书的，于是他们发明出了一种环形签名的方式，所有人的姓名按环形排列，自然地隐藏了签名顺序，从而做到无法看出谁是带头人。

环形签名算法与比特币相似，也是使用基于哈希值的“公钥+私钥”模式，不同的是环形签名技术将交易发送方的公钥和另外一个公钥进行混合，然后对信息进行签署，最后再由接收者的私钥解密验证，这样一来外界就无法判断交易发起者的公钥是哪一个，从而使门罗币实现了隐藏交易发送方地址信息的功能，使外部攻击者无法看出地址之间的关联性。

门罗币（Monero，代号 XMR）的匿名性主要是由其环形签名技术实现的。门罗币是一个创建于 2014 年 4 月的开源密码货币，它着重于隐私保护、分权和可扩展性。与自比特币衍生的许多密码货币不同，Monero 基于 CryptoNote 协议，并且采用了模块化的代码结构。

2017 年 1 月 10 日，通过使用环形机密交易（Ring Confidential Transactions，RingCT）算法，门罗币交易的隐私性自第 1220516 块起得到进一步加强。环形签名算法不向没有直接参与交易的人员揭示交易中所涉及的金额，从而增加了保密性。

4.4.3 多层协议：ColoredCoins 与 MasterCoin

（1）彩色币（ColoredCoins）

彩色币是一种通过标记块链中的比特币来把它变成一种密码化的不记名证券的方法，如债券、股票等。其基本思路是：发起人将某一笔比特币加上特殊的标记，即“染色”，并赋予这个“标记”特定的经济含义。

（2）万事达币（Mastercoin，MSC）

万事达币（Mastercoin）诞生于 2013 年 9 月。彩色币在比特币基础上实现了证券功能，万事达币则希望更进一步，通过在比特币核心协议之上添加新的一层协议的方式，实现更多的功能。

然而彩色币和万事达币都没能在比特币的主链上存活下来，一个原因是币价的下跌使兴致勃勃的开发者失去了财力支持和经济激励。另一个重要原因是比特币开发的主导者认为维护一个强健的货币体系，应当避免搭载过多的非交易信息和复杂的功能，从而不愿意给予必要的支持。

4.5 开发平台

尽管万事达币没能成功，但不少人由此看到比特币的技术在货币领域以外的广阔前景，并热情地投入进来，开辟了用于建立智能合约的区块链开发平台。

4.5.1 以太坊（Ethereum，ETH）

MasterCoin 的创新激励了后来大名鼎鼎的“V 神”——Vitalik Buterin，他也提出了自己的设想，希望在比特币基础上构建新的协议层，建立更多功能的智能合约开发平台。为此，他认为比特币操作码 OP_Return 的 80 个字节太小，难以搭载必要的信息，呼吁扩大，但主导比特币开发的团队不仅没有扩大，反而缩小到 40 字节。Vitalik 一怒之下放弃了比特币主链，自己建立了一个全新的系统——以太坊。其基本机制仍然是密码共识机制，但并不依托比特币体系，并且做了一系列重大修改。

1. 以太坊启动

以太坊（ETH）是一个开发平台、一种编程语言和一个运行环境，是一个开源的有智能合约功能的公共区块链平台，它使开发人员能够建立和发布分布式应用。以太坊通过一套图灵完备的脚本语言（Ethereum Virtual Machinecode，简称 EVM 语言）来建立应用，通过其专用密码货币以太币（ETH）提供去中心化的虚拟机（以太虚拟机，Ethereum Virtual Machine）

来处理点对点合约，每执行一步都会消耗 GAS（类似于汽车行驶消耗汽油，GAS 需要使用以太币购买）。

2013 年年末，以太坊创始人 Vitalik Buterin 发布了以太坊初版白皮书，启动了项目。2014 年 7 月 24 日起，以太坊进行了为期 42 天的以太币预售。2016 年年初，以太坊的技术得到市场认可，价格开始暴涨，吸引了大量开发者以外的人进入以太坊的世界。截至 2018 年 4 月，以太币是市值第二高的密码货币，总市值接近比特币的 70%。目前以太币的数量没有上限，但新币进入市场的速度一直在增长。

截至 2018 年 4 月 25 日的时候，以太币已经发行约 9904 万个，总市值约 624 亿美元，如图 4.2 所示。挖矿奖励（Block Rewards）产生 2533 万个，挖矿产生的孤块奖励（Uncle R）170 万个，其他 7200 万个为创世块众筹发行。

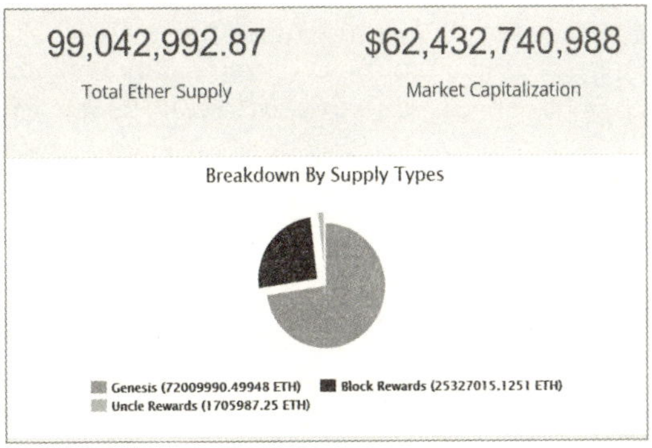

图 4.2 以太币的供给

2. ERC20

ERC20 是以太坊上用来发行代币（Token）的一种智能合约标准，规定了 Token 的基本属性和功能。按此标准发行 Token 不仅操作简单，而且很容易整合进入现有支持以太坊的钱包和交易平台。在一些开源组织的工作推动下，ERC20的标准已经简单到能5分钟发行一个ERC20的Token。截至2018年4月25日，在以太坊信息网站（https://www.etherscan.io）上可以查看到77462个代币的智能合约，其中就有大名鼎鼎的USDT、EOS等。下面便是符合ERC20协议的智能合约代码。

```
    contract ERC20 {
        function totalSupply() constant returns (uint totalSupply);          //获取总的发行量
        function balanceOf(address _owner) constant returns (uint balance); //查询账户余额
        function transfer(address _to, uint _value)returns(bool success); // 发送 Token 到某个地址(转账)
        function transferFrom(address _from, address _to, uint _value) returns (bool success); //从地址 from 发送 token 到 to 地址
        function approve(address _spender, uint _value)returns(bool success);//允许_spender 从你的账户转出 token
        function allowance(address _owner, address _spender) constant returns (uint remaining);//查询允许 spender 转移的 Token 数量
        event Transfer(address indexed _from, address indexed _to, uint _value);//transfer 方法调用时的通知事件
        event Approval(address indexed _owner, address indexed _spender, uint _value); //approve 方法调用时的通知事件
    }
```

3. ERC721

ERC721的官方简要解释是“Non-Fungible Tokens”，翻译为不可互换的Token，英文简写为“NFT”，简单理解为每个Token都是独一无二的。也就是说，ERC20的Token跟比特币一样，每个比特币都是无差别的，而ERC721的每个Token都是独特的，拥有独立唯一的TokenID编号。正因为如此，ERC721发行的Token的最小单位为1，不可以像比特币或ERC20代币那样存在小数点后的数字。

由于ERC721这个独特性，才有了以太猫这个名噪一时的区块链游戏。以太猫利用了ERC721每个Token的独特性，以此为每只猫赋予了独

特性。每只猫都是拥有独特基因的猫，归根到底也就是拥有不一样属性的 Token。猫的编号其实也就是 Token 的编号，猫的基因也就是 Token 的属性。

4.5.2 量子链 QTUM

量子链是一个综合了比特币和以太坊的优势而建立的去中心化应用开发平台（DAPP Platform）。QTUM 建立在整个比特币的生态上，另外吸纳了很多以太坊上面的创新，最终做了一个融合式的平台。

量子区块链平台的主旨：这是一个智能核验平台，未来将有大量虚拟代理商服务，由平台提供信用服务给社会的各行各业，将比特币和以太坊融于一体。

（1）改进智能核验，包括账本核验和身份验证。

（2）在移动端做大量应用。QTUM 的本质是一个价值传输协议加分布式的应用平台。

量子链的主要特点如下。

（1）从技术角度分析，QTUM 希望实现首个兼容 BIP（基于 UTXO 模型），兼容比特币交易模式以及以太坊虚拟机优势的 POS 智能合约平台。

（2）量子链通过“去中心应用”和“主控合约”将链下因素引入，形成符合现实世界商业逻辑的区块链主控合约，支持多个行业、多种渠道，最终实现走向移动端的策略。

（3）加强公有链和联盟链中共识机制的灵活性，同时考虑行业合规性。

QTUM 系统共计 Token 数量为 1 亿个，每年增发速率为 1%，募集这笔资金时卖了 5100 多万个 Token，剩余的 Token 部分给了早期的天使投资人和开发团队，大约占 20%，最后的 29%的 Token 会被送出去，鼓励开发者在区块链平台上开发应用，完善生态圈。

4.5.3 EOS

EOS（Enterprise Operation System）俗称为柚子，核心特征是采用 DPOS 共识机制建立智能合约开发和运行平台。其设计者是 BTS（比特股）的创始人 Daniel Larimer（也被称为 BM，因为他早期的网名为 Bytemaster）。其核心思想是，利用 DPOS 机制的优势克服比特币和以太坊竞争记账导致的性能问题，并借鉴以太坊拥堵和几次事故的经验，从智能合约运行平台的底层构架上进行根本性的改造。

1. 目标

EOS 设计目标极高，总目标是建立一个全球共用的高性能、高容量、高速度的区块链应用开发和运行平台。

（1）支持百万级用户：为了与 Ebay、Facebook 这样的企业竞争，区块链技术需要处理百万级的“日活用户”。

（2）免费试用：区块链应用的开发者应该能够为用户提供免费的服务，系统运行的费用由开发者或商家来支付，以吸引更多用户。

（3）易于升级和 Bug 修复：鉴于系统演进的必要性和以太坊出现的多次事故，EOS 设计了一系列措施提高系统升级新功能的灵活性，并提高了 Bug 修复的效率。

（4）低延时：为了提高用户体验，与中心化的应用竞争，借助 DPOS 机制实现快速确认。

（5）时序性能：由于执行步骤的顺序，一些应用不能用并发算法来实现，必须提高时序处理性能。

（6）并发性能：大规模的应用需要将工作量分配到多个 CPU 和多台计算机上，平台需要内置对并发系统的支持。

2. 共识机制

作为重要的密码共识基础性应用，其记账共识采取添加了“拜占庭容错机制”的 DPOS（BFT-DPOS），具体方式为：通过持币者投票的方式在全球产生 21 个代表（即“超级节点”），各节点轮流记账，每 0.5 秒产生一个区块链，同一时间只有一个节点具有记账权，因此不存在竞争和分叉。绝大部分情况下，所有 21 个节点都同时在线。少数情况下，若有节点不在线，轮到该节点时就会出现记账超时跳过，会使得出块时间大于 0.5 秒。如果一个超级节点错过了一个块，并且在过去 24 小时均未产生任何块，则会失去超级节点资格，被备选节点取代。

添加了拜占庭容错机制后，区块需要所有超级节点签名，但禁止同一个超级节点签名两个时间戳或高度相同的区块，一旦一个区块被 15 个超级节点签名，这个过程就不可逆了。实际中，一个区块广播会立刻被其他 14 个以上超级节点签名，从而使交易不可逆。

3. 资源分配

EOS 系统有三大资源带宽和存储，计算和计算积压 CPU，状态存储器（RAM）。基于 EOS 开发的区块链应用部署到 EOS 系统中运行需要使用系统资源，从而产生资源的分配问题。超级节点在 EOS 系统的资源分配中起到决定性作用，他们决定一项任务是否应当被执行——只要有一个超级节点同意处理此项任务，当轮到该超级节点记账时，该任务就可以实现。

超级节点所能够支配的系统资源由谁决定呢？这个主要是根据超级节点的 EOS 代币总量决定，持有 EOS 越多，能够支配的资源越多。

4. 系统维护

超级节点不仅能够记账，还有权进行系统的维护和治理，并决定新币的发行规则。

超级节点之间达成共识(比如 21 个超级节点中的 15 个或 17 个同意)，就可以对某个账户进行冻结、更新有缺陷的应用、提出对底层协议的变更、决定每区块代币奖励的数量和分配比例等。

5. 代币发行

EOS 在以太坊上众筹代币发行量为 10 亿个 EOS Token，其中 1 亿个（10%）由开发团队 Block.one 保留（不在以太坊上交易），其余 9 亿个对外公募放出，公募也分为两个阶段。

第一阶段，一次性放出 2 亿个（已结束）共筹得约 2 亿美元的 ETH。

第二阶段，从 2017 年 6 月 26 日——2018 年 6 月 1 日每天众筹 200 万个 EOS，共释放 7 亿个。

2018 年 3 月 16 日团队发布了第二版技术白皮书，4 月 5 日上线了 EOSIO Dawn 3.0，目前多家交易所和钱包也都纷纷支持 EOS 主网映射。

4.6　分叉币

2017 年币圈又兴起了新的玩法——IFO。所谓 IFO 是指基于比特币、以太坊等主流币种而进行的分叉货币发行，在这些主流币的原有区块链基础上，按照不同规则分裂出另一条链，产生新的数字货币。持有主流币种的人在 IFO 过程中能够获得分叉后的新币，IFO 成为一种新的虚拟币融资手段。

2017 年 8 月 1 日，比特现金（Bitcoin Cash，简称 BCH）的诞生标志着币圈的第一款分叉币产生。比特币区块设置的大小只有 1MB，而区块越小，容量越小，比特币的交易就会越慢。为了解决比特币区块拥堵的问题，BCH 区块链成功地在区块 478559 与主链分离，由此产生新的密码货币默认区块大小是 8MB，还可以实现区块容量的动态调整。同时，原来持有比特币的人可按 1：1 的比例免费获得 BCH。

4.6.1　比特币分叉的缘由

比特币系统运行早期，中本聪对区块的大小进行了 1MB 的限制。这种限制既是为了保障性能较弱的个人电脑也能够参与系统，同时也防止了攻击者让比特币网络超载的风险，毕竟那时候的系统还很脆弱。在 1MB 的限制下，10 分钟一个区块最多能够容纳 2000 笔左右的交易，也就是每秒 7 笔交易。在 2014 年之前这个限制对系统完全没有影响，因为没有那么多人使用比特币。但却为此后比特币的发展埋下了重大的隐患。

早在 2010 年 10 月，早期开发者 Jeff Garzik 考虑到以后 1MB 区块会容纳不下所有交易，提出修改代码，按照每分钟 1400 笔的目标扩容到 7.1MB。反对者认为这要求所有的软件必须升级，容易造成混乱。中本聪赞同暂不升级，但提出应该预先做好准备，比如在更新软件时在代码中写入在某个区块高度（也就是某个时间）后，区块限制提高。此后中本聪隐退，开发工作交给了 Gavin Andresen 牵头。

2015 年 5 月，比特币的平均区块大小达到了 400KB，并且在快速增长，Gavin 提出应当在 2016 年 3 月 1 日将区块限制扩大到 20MB。此后，Jeff Garzik 提出 BIP100（BIP 指比特币改进建议，按提出顺序进行编号）建议在 75%算力同意的情况下即可进行扩容。Gavin Andresen 和 Mike Hearn 提出 BIP101，主张先扩到 2MB，然后每两年翻倍。此时，挖矿领域中国的几家矿池占据了主要的份额，由于担心国内网速受限，区块过大传输慢，会影响挖矿收益。因此联合拒绝 Gavin 的 20MB 扩容建议，但接受 BIP100 扩容到 8MB。

此时，比特币的开发由被称为 Core 的核心开发组进行，尽管 Gavin 仍然是 Core 的关键成员，但其他多名成员反对改变 1MB 上限，主张通过隔离见证方案（Segwit）优化交易和区块链结构，在 1MB 区块限制不变的情况下，扩大交易容量到原来的 1.7 倍左右。在主链之外，发展第二层支付通道（比如闪电网络、侧链、树链等）来解决容量不足的问题。此时的 Core 核心开发组多名成员受雇于 Blockstream 公司，组内主张扩容的 Gavin 处于较为被动的状态。

Gavin 为了推进扩容，重新组织了一个开发团队，并在开发者、矿池、社区之间寻找协调和妥协的方案。2016 年 2 月终于形成一个 90%以上算力同意的方案，即从 1MB 扩容到 2MB。但在 Core 开发组的坚持下，社区普遍反对 Gavin 组织的开发团队，并且接受了 Core 的隔离见证方案。中国的矿池与 Core 在香港达成共识先实施隔离见证，然后硬分叉扩容至 2MB。这个共识实质上否定了 Gavin 的主张。在扩容争论的关键时刻，澳大利亚人 Craig Wright 宣称自己是中本聪，并且得到 Gavin 的支持。但最终 Craig

没能拿出充足的证据，被当作冒充中本聪的众多骗子之一。这也使得 Gavin 名誉扫地，被迫退出了 Core 开发组。

2016 年 7 月，比特币的 1MB 区块被填满了，更多的交易无法及时计入区块，为了使自己的交易能够更快地计入区块，人们不得不支付更高的交易费“贿赂”矿工优先打包自己的交易。然而，比特币系统的拥堵并未动摇 Core 坚持 1MB 区块的决心，甚至强调，比特币系统本来就不应当是廉价使用的，而应当是全球重要的金融结算网络，普通的支付需求应当交给第二层支付去满足。

4.6.2 历史性分叉：比特币现金（BCH）

2017 年密码货币市场快速增长，用户和交易需求也快速增长，比特币系统的拥堵越来越严重。在高峰期，积压未能打包确认的交易一度达到 20 万笔，正常确认所需要的交易费高达 300 元以上，重要的交易需要额外向矿池支付几百元到几千元不等的“加速费”。这使得比特币支持者无法继续宣扬其快速、价格低廉的支付功能。更严重的是，由于比特币的拥堵，市场需求快速涌入以太币、莱特币、瑞波币等竞争币，比特币的市场份额从 90%以上迅速跌落到 50%以下。

而此时，Core 之前承诺的 2MB 扩容并未推进，而隔离见证对比特币系统的改动很大。为此，越来越多的人怀疑 Core 开发组并不打算扩容至 2MB，一旦隔离见证部署，交易和区块结构改变，扩容会比以前复杂困难很多，从而事实上无法扩容，并且使开发更加依赖于 Core 开发组。为此，一些比特币企业和个人开始组织或资助新的开发团队脱离 Core 开发组，开发扩容的比特币软件。

2017 年 7 月，开发团队 BitcoinABC 开发完成了从 1MB 扩容到 8MB

的新软件系统，并做了应对攻击的防范措施，经多方测试较为稳定。由于整个社区仍然认为 Core 代表了比特币开发的主要力量，还因为对比特币系统分裂的恐惧，比特币的绝大部分支持者最终选择了支持 Core 开发组和隔离见证。只有少部分人对 Core 失去信任和信心，经再三考虑后担心隔离见证之后的比特币会走入衰落。他们选择支持 BitcoinABC 的软件版本，并在 2017 年 8 月 1 日正式开始运行。

新的软件版本在比特币区块高度 478599 开始运行，此区块之后，世界上就有了两种比特币系统软件，分别记录 1MB 限制的区块和 8MB 限制的区块，由于参数不同，两个系统软件相互不承认对方的新区块。从而就出现了两条区块链或两个记账体系。在 478599 区块之前的账本完全一样，但之后各自系统发生的交易，各自记账，互不承认。从而相当于有了两个不同的比特币，为了区分，8MB 区块系统中记录的比特币称为“比特币现金”（BCH）。在 478599 区块前就存在的比特币会在比特币现金系统中有等量的 BCH，这就有了第一个因分叉产生的新密码货币。[①]

由于在此之前，人们普遍认为比特币是供给总量恒定的，尽管每个人都参与记账，但全球只有完全相同的账本，从而实现分布式账本。所以，比特币社区对比特币区块链分裂成两个链存在强烈的反感，因为这意味着问题出现了。

（1）总量翻倍了。

（2）出现了两个不同的账本。

① 实际上，之前也有过类似的分叉币，只不过没有引起重视，因为没有 BCH 这样的产生背景和重要意义。

（3）比特币社区分裂了。

但是，比特币现金的出现，意味着当人们对比特币的未来发展方向产生了不可调和的分歧后，分裂是可以发生的。

更进一步，如果理解了密码共识机制是市场机制的升级，就应该可以接受竞争的演进机制：要想保持一个体系或组织的活力，必须允许分歧存在，在分歧严重时允许通过分裂产生竞争，优胜劣汰。从这个意义上讲，比特币系统分裂出1MB隔离见证版本的比特币和8MB的比特币现金是一个重大的进步。

4.6.3 分叉币的兴起

尽管比特币现金的分叉事件，是比特币演进道路上重大的进步。但在分叉之前，比特币的支持者绝大多数是反对分叉的，认为这是对比特币的攻击。在分叉前后，Core的部分支持者对扩容派展开了激烈的攻击。有人在比特币现金分叉之前威胁，如果扩容派敢于分叉比特币，创造一个新的密码货币，他们将不惜代价分叉（攻击）这个新生的密码货币。

在比特币现金分叉前夕，攻击者也准备好了对比特币现金的分叉，这在当时看来是对扩容派的有力反击。然而，出乎意料的是，处在新一轮牛市的比特币市场只是在分叉前夕出现小幅下跌，分叉后价格很快恢复。不但如此，分叉出来的BCH也有了2000元左右的价格。这相当于所有持有比特币的人不仅没有损失，反而使每个比特币额外获得了价值2000元BCH，就像是圣诞老人派发糖果一样令人愉快！

准备好对BCH的攻击也画风突变，改为对BTC进行分叉，起名比特币黄金（BTG）。并且在分叉的第一个区块中给自己的比特币地址加入了

20 万个 BTG（即所谓“预挖”），以此作为组织者和开发者的收益。有趣的是，这次分叉受到了支持 Core 的比特币社区的广泛欢迎，一是因为大家又有糖果领了，二是这个分叉是由支持 Core 而反对 BCH 的团队做的。此外，这次分叉也吸引了各界关注，在牛市中顺利受到市场追捧，给分叉团队带来了巨大收益。

BCH 的艰难诞生和 BTG 的意外成功之后，分叉成了快速发行新的密码货币，并且获得原密码货币社区支持，从而获得巨额收益的捷径，由此开启了“疯狂的 IFO 之旅”。具有一定知名度的团队选择一个听上去不错的理由，比如给比特币添加智能合约、DPOS 机制、抗量子攻击等特色或功能，在比特币代码基础上做一些修改，沿用比特币的区块链，就可以在某个高度上分叉出来一个新币。这种分叉一般都有预挖，上市后迅速套现。

在牛市财富效应影响下，比特币迅速出现了十几种分叉，而且还出现了以太币、莱特币等相对较大币种的各种分叉。随着牛市转熊，除了 BCH 的支付和应用市场不断扩大，与比特币的比价保持在 0.1—0.2 之间以外，绝大多数分叉币价格跌落至原来的 10%以下，从此一蹶不振。BTG 2018 年中期的价格只是其 2017 年 12 月月底最高价的 5.5%。而在 BCH 升级难度算法时持意保留原版本并随后分叉出来的 BCHC（Bitcoin Cash Classic）则已经不再出块，价值归零。

4.7 中心化密码货币

在多数情况下，基于密码共识机制的货币叫密码货币。但实际上还有一些数字货币仅仅使用了非对称密码技术，而没有采用去中心化的分布式共识机制，我们称之为“中心化密码货币”。目前主要有两类，一类是各国央行发行的密码货币，一类是由某个组织建立、维护和运行的密码货币。

4.7.1 央行密码货币

比特币这种去中心化密码货币设计之初就是为了取代或挑战基于国家信用的法币体系。中本聪在创世区块的留言是“The Times 03/Jan/2009 Chancellor on brink of second bailout for banks”（泰晤士报 2009 年 1 月 3 日，财政大臣又要紧急救助银行了），在证明系统启动时间之外，还嘲讽法币体系的弊端。这也使得多数国家的央行体系都不欢迎比特币。

不过，比特币作为去中心化的体系，其突出优势就在于能够摆脱中心支持或控制，依靠个人的“自利本性”而生存下来，不断扩张。到了 2015 年前后，许多国家央行基本都认识到了去中心化密码货币的自生力量，开始正视和研究它，并尝试借鉴其原理建立基于国家掌控的央行密码货币。

2015 年 1 月 26 日，美联储发布了一份改善支付系统的白皮书，将利用互联网分布式架构的优势来降低直接通信的成本。但不同于比特币，美联储的对象是金融机构，而非个人用户，并且依赖一个中央总账系统并受央行机关控制。2016 年加拿大央行公布数字货币试验，荷兰央行也在测试自己的 DNBcoin。

中国人民银行（简称央行）2014 年就成立了专门的央行数字货币研究团队。2016 年 7 月，央行启动了基于区块链数字票据交易平台原型的研发工作；2017 年 1 月，央行推动的基于区块链的数字票据交易平台就已测试成功，3 月央行科技工作会议提出建立“以数字货币探索为龙头的央行创新平台”。

除了来自密码货币的竞争压力，各国央行建立自己的密码货币还有什么好处呢？现在看来至少有四个方面。

（1）可以大幅降低现有货币体系的运行成本。现有法币体系是从纸币体系演化来的，除了纸币系统依然需要维护，耗费大量的成本之外，历史上形成的记账、验证、核算体系都保持着很高的运行成本。实行央行密码货币可以大幅降低这些成本，尤其是人工成本。

（2）可以显著提高银行体系运行效率。密码技术的应用可以大幅简化交易验证环节，减少金融主体之间的信任摩擦，并且与其他市场主体通过网络更加快捷高效地联系起来。大幅提高货币系统的运行效率。

（3）可以更有效地管控货币金融体系。基于密码技术的法币体系能够实现更加统一的记账体系，整个金融系统相对于监管部门而言将更加透明、可控，使金融监管更加便捷，更有利于维护金融稳定。

（4）可以制定和执行更有效的货币政策。现有银行货币体系的复杂性导致货币创造和流动过程难以准确把握，制定及时、适度的货币政策十分困难。央行密码货币可以使货币系统运行更加有序，信息更加透明，从而使货币政策的制定更加及时，措施更加稳健，效果更加直观。

尽管各国央行尝试推进自己的密码货币，但这种密码货币跟比特币等密码共识机制的密码货币有根本差别，它们不会采用分布式共识机制，或者说央行密码货币必须是中心化的，有以下几点原因。

（1）货币主权。现代法币体系下，货币发行权被认为是国家主权的重要组成部分。一旦采用分布式共识机制，货币发行权将脱离国家控制。

（2）铸币税。铸币税是法币体系下国家行使职能，尤其是在经济危机或战争时期获得经济资源的重要渠道，分布式共识机制将使国家难以获得铸币税。

(3) 金融稳定。金融已经成为影响各国社会经济稳定的重要领域，中心化货币体系下国家能够对金融系统进行强有力的控制，以保障金融稳定。一旦实行分布式共识机制，国家对货币系统的控制力大幅下降，稳定金融秩序的难度加大。

(4) 货币政策。一旦实行去中心化的密码货币，国家享有的最有力的货币供给调控工具的大部分功能丧失，货币的供给和需求更加市场化，货币政策制定和执行的难度增大很多。实际上整个货币政策的理论基础都会被颠覆，至少短期内会造成货币政策的混乱。

(5) 法币惯性。央行主导下的主权货币体系是经过长时间演进、逐渐建立的庞大经济组织，这个体系的运行具有很大的惯性，涉及很多人的利益、习惯、生活等，分布式去中心化的货币体系改造极难推进。

(6) 经济效率。更大的问题在于，央行作为具有国家机器支撑和国家信用背书的实体，实际上能够以比分布式共识机制更小的成本建立密码货币体系，完全没有必要竞争记账权。

因此，央行有动力用密码技术来改造法币体系，应对去中心化密码货币的挑战，但没有采用分布式共识机制的愿望，所建立的只能是中心化的央行密码货币，否则就没有必要做密码货币。但是，这种中心化密码货币是否能够实施，实施之后能否应对去中心化密码货币的竞争压力。这还有待各国央行的具体设计和市场检验。

4.7.2 瑞波币

瑞波币(Ripple，XRP)是 Ripple 网络的基础货币，它可以在整个 Ripple

网络中流通，总数量为 1000 亿个，长期以来都因为它的中心化管理而备受批判，它的关闭、冻结和逆转交易的能力也被诟病。与比特币不同的是，Ripple 是一种互联网交易协议，它允许人们用任意一种货币进行支付。Ripple（瑞波）正致力于成为世界范围内各大银行通用的标准交易协议，使货币转账能像发电子邮件那样成本低廉、方便快捷。例如，甲方可以利用 Ripple 以美元支付，而乙方则可以通过 Ripple 直接收取欧元。

4.8 无币区块链应用

密码货币和 Token 的出现，绕过了现有法律监管体系使参与者进入了一个早期金融生态之中，在 2013 和 2017 年的牛市中产生了巨大的“造富效应”，刺激了成千上万的新币种、新 Token 的出现。但是，绕过现有法律监管也意味着随时被监管，甚至被定性为非法。因此，大的企业即使看中密码共识机制的重要意义，也不敢发行密码货币和 Token，而是更多地绕开“币”而专注于“链”的应用。国内外大企业如 IBM、微软、腾讯、阿里巴巴、华为、京东等都发布了无币区块链相关项目。此外，除了央行密码货币之外，密码共识技术在政务领域的应用都是无币的。

4.8.1 比特信（Bitmessage）

Bitmessage 是一个去中心化的密码社交通讯软件，白皮书发布于 2012 年 11 月 27 日，其核心特征是实现点对点、匿名、密码通讯，解决了当前各种社交通讯平台中心化服务器存在身份信息和通讯信息容易被泄露和审查的问题。

其基本逻辑很简单。每个人运行类似于比特币的客户端，自己的账号类似于比特币地址，凭借对应私钥确定个人身份，而不需要把身份信息交给中心组织确定身份，从而实现了匿名性。发送消息时，消息采用对方的公钥进行加密，只有对方私钥才能解密阅读，从而实现了信息的安全传输。

Bitmessage 主要使用了非对称密码技术和点对点网络系统，并没有设计密码货币或代币，是一个典型的无币区块链应用。

4.8.2 超级账本

超级账本是 Linux 基金会于 2015 年发起的推进区块链数字技术和交易验证的开源项目，目标是让成员共同合作，共建开放平台，满足来自多个不同行业各种用户的需求，并简化业务流程。由于点对点网络的特性，分布式账本技术是完全共享、透明和去中心化的，适合于在金融行业的应用，也适合制造、银行、保险、物联网等很多行业。通过创建分布式账本的公开标准，实现虚拟和数字形式的价值交换，例如资产合约、能源交易、结婚证书，能够安全和高效低成本地进行追踪和交易。负责管理诸如资产、智能合约这样的实体、参与者和分类对象的身份识别。简而言之，超级账本可以为各种区块链应用提供开发支持，而不发行密码货币或代币。

4.8.3 金链盟

金融区块链合作联盟（简称：金链盟）是 2016 年 5 月 31 日由深圳市金融科技协会、微众银行、深证通等二十余家金融机构和科技企业共同发起的非营利组织，下设成员大会、主席团、秘书处、技术委员会、标准技术工作委员会、顾问委员会；成员覆盖 24 个城市，涵盖银行、基金、证券、保险、地方股权交易所、科技公司等六大类行业的 92 家机构。

金链盟开发组发布了 FISCO BCOS 开源平台，建立了一个底层的联盟链，设置准入机制和监管节点，实现金融、证券、供应链等多方面的应用。

基于 FISCO BCOS 开源平台，微众银行联合广州仲裁委、杭州亦笔科技三方基于区块链技术搭建了“仲裁链”，实现稳定运行。官方介绍称，“仲裁链”是利用分布式数据存储、密码算法等技术对交易数据共识签名后上链，实时保全的数据通过智能合约形成证据链，满足证据真实性、合法性、关联性的要求，实现证据及审判的标准化。

2018 年 2 月，广州仲裁委基于“仲裁链”出具了业内首个裁决书。当业务发生时，用户的身份验证结果和业务操作证据的哈希值均记录到区块链。当需要仲裁时，后台人员只需要点击一个按键，相应的证据便会传输至仲裁机构的仲裁平台上。仲裁机构收到数据后与区块链节点存储数据进行校验，确认证据真实、合法有效后，依据网络仲裁规则依法裁决并出具仲裁裁决书。

4.8.4 无币对密码共识机制的影响

理论上，经过比特币、以太坊和各种公链和密码共识应用的发展，密码共识相关技术已经十分丰富。除了基础的密码技术、分布式账本、区块链、工作量证明（POW）之外，还有智能合约、Merkle Tree、时间戳、POS、DPOS、闪电网络、分片技术、零知识证明、环形签名、多重签名等许多具体技术。

根据具体经济场景的不同，这些技术可以通过不同的组合进行应用，许多应用场景可以不发行和流通内生货币或 Token。这些应用往往都需要使用密码技术，有一定的共识机制，也可以涵盖密码共识应用范畴，即所谓的“无币区块链”。

不过，密码共识机制中去掉内生密码货币（或 Token、代币）之后，会对密码共识机制的整体功能产生重要影响，主要影响如下。

（1）失去筹资功能

通过预售部分内生密码货币，借助于密码货币交易市场的流动性，密码共识应用能够凭借其项目应用的潜在价值获得早期发展资金，而按照传统方式初创企业的融资门槛很高。

（2）失去内生激励

在密码共识系统中，通过设计新币发行机制，各种密码共识应用能够结合业务特点形成独特的内生激励机制，比如比特币新币发行鼓励参与者诚实记账、验证交易，达到维持系统安全的目标。

（3）失去内生交易媒介

密码共识的内生货币是系统中简洁便利的交易媒介，失去内生密码货币，系统的交易需要接入外部货币系统，在接入门槛、接入与使用成本、系统独立性等方面都会受到很大制约。

（4）失去初始用户获取渠道

通过各种方式将内生货币分发给尽可能多的应用潜在用户，是密码共识获取初期客户群体的最重要方式，具有成本低、操作简便、流动性强等优势。

（5）失去团队激励方式

内生货币对项目团队具有很好的激励效果，获得内生货币激励的团队成员有动力通过自己的努力加快应用的实现，提高用户体验，从而提升内生代币价格。与股权激励相比，代币激励最大的优势是代币流动性更强，变现可期。

因此，具有内生货币的密码共识系统非常适合于具有创新价值、应用场景规模较大的项目。这些创新项目在传统模式下难以实现资金、人才、用户等方面的突破，借助于密码共识机制的内生货币就更容易迈过这些门槛。正是由于这个原因，无币区块链更适合于具备资源和市场优势的大企业和政府推行。

5

密码共识产业生态

密码共识是一个全新的经济组织模式，其产业生态发展还处在萌芽期。在 2017 年之前整个产业生态围绕密码货币，尤其是比特币展开。2017 年在牛市的推动下，密码共识机制的重要意义在“区块链”的名义下迅速被人们所认识，甚至有所夸大，产业和生态迅速繁荣和分化，到 2018 年中期生态迅速扩张，产业形态结构初步形成，主要可以分为基础产业、流通产业、应用产业、服务产业四大类。

5.1 基础产业

基础产业是指整个密码共识产业生态中各领域共同依赖的，或维系产业安全基础的产业环节。目前看，主要由技术开发、矿业、平台公链、密码互联网构成。

5.1.1 技术开发

在密码共识产业发展早期，也就是比特币的探索发展时期（大致 2007—2016 年），支撑生态最核心的力量是开发者，中本聪是第一个。不过此时的开发群体只能说是生态的基础，而很难说是一个基础产业。因为绝大部分开发者都是自愿无偿的贡献者，而非商业化团队。开发维护 Ripple 系统的 Ripple Labs 是较早专业从事相关开发的技术团队。

2016 年之后，随着密码货币和其他区块链资产的市值快速增长，加之相互之间的竞争趋于激烈，产业发展对开发团队的开发强度、专业化程度、团队规模等既提出了要求，也提供了资金。开发者开始趋于专业化和商业化。比如加拿大公司 Blockstream 雇用了多名比特币核心开发者，获得 B 轮融资 2500 万美元，在开发自己的侧链（Sidechains）技术（主要产品有 Element、Liquid、Lightning 等）的同时，支持开发者进行比特币的开发。

在比特币扩容之争过程中，一些团队脱离比特币核心开发群体，尝试开发了多种扩容版本。这些开发团队在比特币现金（BCH）成功实现扩容之后，转向了 BCH 的开发。目前 BCH 的开发团队主要有：BitcoinABC、Bitcoin Unlimited、Bitcoin XT、Bitcoin Classic、Bcash 等团队。

通过 ICO 融资创立的以太坊和 EOS 则有更加专业的开发团队，以太坊的开发团队以 Vitalik Buterin 为核心，EOS 的开发团队以 BM（Daniel Larimer）为核心，借助于初期募集的资金（以太坊募集了 3 万多个比特币，EOS 募集了 700 多万个以太币），这使得以太坊和 EOS 均能够资助更多专业团队参与系统和应用的开发，形成了较强的开发实力。

以太坊募资成功之后，许多区块链项目都采取了专业的核心开发团队开发，通过 ICO 募集资金来进一步资助和扩大开发力量。尤其是 2017 年市场高涨，ICO 造富效应升温之后，传统互联网与金融领域的开发者被大量吸引进入区块链产业，整个产业的技术开发从业人员迅速增长，开发团队更加趋于专业化和商业化。出现了一些专门从事开发外包的技术团队。

目前影响力较大的开发团队大多是从早期的区块链项目分化出来的，尤其是技术骨干的离职创业。比如 blockchain.info、火币、Okcoin、比特币中国等都向行业输送了大量的开发者。

5.1.2 矿业

中本聪是第一个开发者，也是第一个矿工，即在密码共识系统的共识机制中竞争记账权获取记账奖励，维护系统安全的人。从 2009 年 1 月 3 日开始，挖矿已经发展成一个庞大的产业。目前，仅比特币一天就产生 7000 万元左右的挖矿总收入，被挖矿产业链上的各个环节瓜分。

1. 矿池

矿池是为挖矿的个体提供平台，让许多个体能够更加方便地联合起来挖矿。其主要功能是让许多个体挖矿的幸运值相互抵消，从而平滑个体的挖矿收益，比如 100 台电脑加入矿池挖矿，任何 1 台电脑出块（猜到目标哈希值），获得的奖励将在 100 台电脑中按算力均分。这样，每个矿工的真实收益就能够更加接近于其按算力占比计算的理论值。

矿池的另一个功能是提供专业服务，使得个体挖矿在技术上更加简单易行。个体挖矿需要对设备做一系列的配置，挖矿过程也会受到个人网络环境、网络安全等各方面的影响。而加入矿池则能够获得专业化的服务，更简单地参与挖矿。

2. 矿机

2009 年 1 月 3 日中本聪开始通过个人电脑的多核 CPU 处理器竞猜区块目标哈希值，即挖矿。随着比特币逐渐被更多人理解和接受，参与竞争挖矿的人逐渐增多。随着比特币价格的上涨，挖矿竞争趋于激烈，逐渐演化出各种挖矿设备，这些设备被称为“矿机”。至今，矿机的发展大体上经历了 4 个世代。分别是 CPU 挖矿、GPU 挖矿、FPGA 挖矿和 ASIC 专用芯片挖矿，算力逐渐增强。

3. 矿场与云挖矿

随着挖矿竞争日益激烈，挖矿的专业化程度越来越高，即使购买矿机，个人在电费、人工、设备维护等方面的差异仍非常大，并且难以形成规模效应。一些具备挖矿优势的人或企业开始将大量矿机集中在一起挖矿，形成挖矿的工场，即矿场。目前比特币矿场分布在全球各地，中国境内规模很大，包括千台左右矿机的小规模矿场，万台以上的中型矿场，以及十万台以上矿机的大型矿场。

挖矿的主要成本是电力。矿场的布局首先是靠近廉价电力供给地，因此，布局在川西水电、内蒙古煤电、新疆风电、冰岛地热电等电力来源附近的矿场较多。挖矿布局的另一个因素在于矿机的散热，为此，矿场也多布局在气候寒冷的地区。此外，挖矿可以直接将电力转化为收益，一些贫困偏远，电力难以输出的地区也称为矿场布局的优选区域。矿场在这些区域的布局不仅消化了过剩电力，还能有效帮助当地解决贫困问题。

随着比特币市值的增长，建立矿场挖矿的门槛越来越高，个人参与困难，而建立大型矿场的风险也很大，为此出现了新的挖矿模式——云挖矿，即矿场投资者在矿场建立时或建立后将算力拆分成小额出售给个人，称为“云算力”。矿场的每月挖矿收益按照个人购买的云算力进行分配。

总体来看，矿业是整个密码共识生态中发展最为充分的基础产业。

5.1.3 公链与开发平台

在密码共识产业中，一些密码共识应用本身为整个产业乃至整个密码经济提供基础性设施或服务，这些也是基础产业的主要构成部分。这些密码共识应用往往被称为公链，除了提供货币功能外，主要提供开发平台的功能。目前主要包括四大类。

（1）密码货币：为这个密码经济提供无国界的货币体系，如 BTC、BCH、LTC 等。

（2）有币开发平台：作为有内生货币的智能合约开发与运行系统，为其他密码共识应用提供开发平台。如以太坊、EOS、小蚁 NEO、量子链等。

（3）无币开发平台：为密码共识应用提供开发平台，但自身并不发行代币。这些主要是各大公司或公司联盟开发的区块链基础设施，如超级账本、R3，以及腾讯、阿里巴巴、京东、华为等各自建立的区块链应用开发平台。

（4）文件存储系统：开发中的 IPFS 系统试图建立一个全球互联的分布式文件存储系统，这个系统的建立将会为各种密码共识应用提供更适合去中心化生态的文件存储和传输服务，将成为重要的基础设施。

这些基础产业对理解整个密码经济至关重要，我们有专门的章节介绍。

5.2 流通产业

内生货币，无论是密码货币还是密码代币，都是密码共识机制实现经济激励的核心环节，也是区块链成为社会热点的根本原因。密码经济最为活跃的产业环节是这些密码货币和代币的流通产业，主要由钱包、交易所和汇兑商构成。

5.2.1 钱包

传统意义上的钱包，是个人保存实物货币的东西。而各种密码资产均基于非对称密码技术，资产的数量和变动都记录在区块链上，个人的钱包保存实际上是私钥。在保存私钥的基础上，还具有“发送”和“接受”密码资产的功能。“发送”是对交易进行签名然后广播出去，“接受”实际上只是从区块链上查询自己地址收到的支付。

从事钱包软件开发运营的企业构成了钱包产业。钱包是人们持有和使用密码资产的基本工具，是密码经济资金、用户的重要入口，在产业与生态中占据重要地位。钱包具有多种形式，以比特币为例，可以有以下三种划分方式。

1. 是否保存完整区块链：重钱包 VS 轻钱包

重钱包（或完整钱包）指的是下载和保存完整区块链数据的钱包软件，这样的钱包能够自己验证每笔交易的来源和合法性，能够独立地接受、验证、发送交易。

轻钱包也被称为 SPV（简单支付验证 Simplified Payment Verification）钱包，它不保存完整的区块链数据，只保存简短的区块头（Block Header）数据，在收到交易时，它能够依据区块头找到交易的位置，但无法验证交易的合法性，需要依靠多个区块的确认，也就是借助于矿工们记账时所做的确认来判断交易的合法性。

比特币的区块链数据已经达到 203GB，以太坊的区块链数据更是达到了 667GB，保存和同步完整区块链数据需要占用较大硬盘和带宽。因此，目前人们普遍使用的是轻钱包，尤其是在移动端。

2. 交易是否记入区块链：链上钱包 VS 离链钱包

链上钱包指的是由该钱包发送的交易直接记录在区块链上，钱包本身并不设置账本，只是将交易用私钥签名之后广播出去。链上钱包收发密码资产的地址所对应的私钥是保存在用户设备中的，所有的收发交易都是从自己掌握私钥的地址上发生的。

离链钱包（也称链下钱包）指的是钱包收发的交易并不一定写入区块链，同一离链钱包的使用者之间的交易，只需要记录在钱包服务商服务器所维护的内部账本中。离链钱包收发的地址所对应的私钥都属于钱包服务商，而非用户本人。本质上，用户使用离链钱包相当于把自己的密码资产委托给服务商代为保管。

3. 钱包是否联网：热钱包 VS 冷钱包

热钱包指的是安装在联网设备（电脑、手机）上的钱包软件。其优点是操作使用、收发资产方便，缺点在于存储在设备上的私钥理论上有失窃的风险。很多网络安全专家强调，只有物理网络隔绝的设备才是真正安全的。不过，用户数量较大的热钱包出现钱包本身导致的私钥丢失事件比较少见，被盗大多是用户在备份、传递私钥或助记词的过程中发生的。

冷钱包就是物理上与网络隔离的保存私钥的设备或方式。常见的几种方式如下。

（1）纸钱包：将私钥或助记词打印（抄写容易出错，建议打印或复印）在纸上保存起来。这种方式保存私钥，要防止纸钱包的损毁，如火灾、霉变等，此外就是担心纸钱包被他人获得。纸钱包应备份在两个以上不同的地方，发现纸钱包失窃，应立刻将密码资产转移到其他地址。

（2）脑钱包：在离线设备上，通过一些脑钱包软件，将自己能够记住，不容易被别人猜到的一段文字，称为“密语”，转换成私钥和地址。地址公开用于收款，私钥在需要的时候可以在离线设备上通过密语再现私钥。脑钱包最大的问题在于密语太简单容易被黑客破解，太复杂自己容易忘记。使用脑钱包，建议将私钥备份在纸上或其他地方。

（3）硬钱包：专门开发能够存储私钥并进行签名交易的电子硬件设备。纸钱包和脑钱包在需要签名交易的时候非常不便，一般需要导入热钱包才能支付。也有一些硬钱包如 Trezor、Ledger、库神（Coldlar）、币派（Bepal）

等，可以在签名支付时通过 USB、蓝牙、NFC 等方式与在线设备连接，从在线设备获取交易信息，在硬件冷钱包上用私钥签名，然后将签名后的信息发给在线设备完成支付。

钱包是区块链用户直接使用的产品，可以从安全性和便利性两个维度评估。从安全性来看，重钱包优于轻钱包、链上钱包优于离链钱包，冷钱包优于热钱包。但是，从便利性来看，恰恰相反。提升钱包使用的安全性和便利性是提高密码资产应用体验的重要难题。

5.2.2 交易所

2010 年 2 月 6 日诞生了第一个比特币交易所。2010 年 7 月 17 日著名比特币交易所 Mt.gox 成立，这标志着比特币真正进入了市场，也标志着交易所成为密码经济重要的，甚至是最具影响力的产业环节。主要原因在于各种密码共识资产的应用价值尚未充分实现，其价格构成主要是未来应用预期支撑的投资价值和价格波动带来的投机价值，其主要实现场所是交易所，而非具体应用市场。这使得交易所成为近期密码产业的核心，目前全球密码资产交易所超过 10000 家。

交易所根据交易品种、交易方式主要分为以下几种。

1．法币交易所

提供用各国法币买卖密码资产的交易所。2017 年之前的交易所大多是法币交易所，并且主要交易比特币，比如较早的、全球交易量最大的 Mt.Gox 交易所，它接受以美元为主的法币与比特币之间的交易。不幸的是，由于经营不善和安全问题，Mt.Gox 已经于 2014 年倒闭。2017 年以来，包括我国在内的世界主要国家对法币与密码货币的交易进行了越来越严的金融监管，以法币与密码货币交易为主的法币交易所大幅减少。

2. 币币交易所

早期的币币交易所主要以BTC为计价单位交易各种其他密码货币(当时统称为“山寨币”)，这样做的好处一是规避了法币通道经常面临的监管，甚至账户查封等问题；二是错位竞争，提供各种其他密码货币交易。2017年各国对密码资产交易所加强监管之后，多数交易所转为币币交易所，主要从事 BTC、ETH 和 USDT 计价的各种密码资产交易，少量交易所接受BCH 计价的币币交易。

3. 场外交易平台

也称为柜台交易平台（OTC），是自身不提供交易撮合，而是为个人交易者提供场外交易服务的平台。2012 年成立的 www.localbitcoins.com 是最早的有影响力的场外交易平台，主要为世界各地的比特币交易提供交易发布和第三方担保服务。2017 年各国加强法币交易监管之后，场外交易平台的交易量大增，也出现了一些新的场外交易平台，如 OTCBTC。一些大的交易所为了解决法币通道问题，也开通了场外交易区。

4. 去中心化交易所

去中心化交易所指没有中心机构提供集中服务和撮合交易的交易所。前述法币交易所和币币交易所多为中心化交易所，突出的问题在于用户的密码资产和法币资产都是托管在平台上的，平台内部的资产管理、交易记录很大程度上是不公开的，容易出现监守自盗、价格操控、交易造假等问题。交易所作为密码产业的核心，高度的中心化引起了行业的广泛关注，由此出现了一些去中心化的交易所，比如早期的 BTS（比特股）作为去中心化的密码货币，其自身提供一个不依赖于单个组织或服务器的去中心化交易系统。不过，由于去中心化交易所难以形成足够的交易深度和良好的交易体验，始终未能形成对中心化交易所的竞争优势。

5. 衍生品交易所

提供密码资产的期货、期权、杠杆交易等密码资产衍生品的交易所。前述交易所主要是现货交易所，2013 年前后出现了提供期货和杠杆交易的交易所，早期有注册在香港的 796 交易所（已倒闭）。期货交易所的出现一定程度上满足了有对冲风险需求的密码资产投资者，但更大程度上是满足了投机者的高风险偏好。由于早期密码资产价格波动过大，缺乏监管，缺乏竞争等原因，早期的衍生品交易的风险和争议非常大。2016 年后，尤其是 2017 年全球币币交易所兴起之后，衍生品交易所增多，一些主流交易所也增加了衍生品交易区。随着竞争的加剧，创新压力增大，传统金融团队也加入交易所竞争，更多衍生品正在出现。

6. 交易所产业的发展

尽管密码资产的出现是密码共识机制在经济各领域的创新应用下驱动的，但其真实应用价值的实现需要时间和市场的积累。密码资产的价值主要由投资价值和投机价值构成。因此，交易所是整个密码经济的资金和人员的主要入口，交易所的发展与整个行业的兴衰息息相关。

2010 年 Mt.Gox 的兴起标志着比特币开始进入大众视野，密码共识产业开始萌芽。2013 年比特币市场的高涨将 Mt.Gox 的影响力推向顶峰，并推动 Bitstamp、比特币中国、火币、OKcoin 等新交易所的快速成长。

2014 年比特币市场的跌落带来交易所行业的大洗牌，Mt.Gox 倒闭，火币和 OKcoin 成为世界最大比特币交易所。2015 年市场萧条则导致许多小的交易所破产。

2017 年市场再次高涨，交易所格局剧烈变化，中国三大交易所一度占据全球交易量的 70%以上。2017 年中期，比特币现金分叉成功将 Viabtc 交易所推到中国第三大交易所的位置。

2017 年韩国受到朝核危机带来的避险需求刺激，日本受到政府对密码货币交易的宽松政策影响，尤其是 9 月份开始发放密码货币交易所牌照的激励，韩日市场快速兴起，推动了韩日两国的密码资产交易所的兴起，韩国主要由 Bitthumb、CoinOne、Upbit 等，日本影响较大的交易所有 Bitflyer、Zaif、BTCBOX 等。

随着中国禁止交易所和 ICO 的兴起，火币、OKcoin、比特币中国等国内经营主流密码资产的交易所影响力大幅削弱，位于香港的 Bitfinex 交易所一度成为全球最大交易所。但不久，位于日本的，着力 ICO 代币交易的币币交易所 Binance（币安）迅速兴起，2017 年第四季度利润达到 1.8 亿美元。

2017 年的市场高涨和交易所暴利让市场涌现出近万家新交易所。2018 年密码资产市场趋向衰退，交易所流动性快速下降。Fcoin 交易所推出交易挖矿经营模式，交易量一度跃居全球首位。

总体上，交易所产业的企业数量、重点企业规模、交易规模、融资规模已经相当可观，但也面临困境。一是短期内设立的超万家交易所形成十分激烈的竞争环境，随着市场的下滑，将会有大量交易所遭遇困境；二是各国对密码资产交易的金融监管迅速加强，由于密码资产去中心化和匿名性等特征，目前的大部分交易所在合规路上都会遇到很大障碍；三是技术安全这个老问题，来自外部的黑客攻击和内部人的监守自盗一直是交易所的最大威胁，经常有交易所因此倒闭，更多的攻击并未公布。

5.2.3 汇兑商

汇兑商指的是提供密码货币与法币汇兑服务的企业。早期以提供密码货币与法币的汇兑服务为主。包括汇款与兑换两种主要服务，汇款是指利用密码货币超主权、无国界特征实现低成本、高效率的跨国汇款；兑换是指在密码货币与法币之间，密码货币之间进行的兑换服务。

汇兑商对于实现密码货币的支付媒介功能至关重要。密码货币这种完全人为的、无抵押的、无国家背书的货币之所以具有价值，归根结底是因为它提供了一定的支付媒介功能，能够用来购买商品或实现价值的转移。

1．汇款服务

比特币的汇款应用实现较早，一些有跨国业务的商户和个人很容易发现比特币汇款的优势。传统国际跨行支付通常需要几天时间，耗费总交易额 5%左右的成本才能完成。而采用比特币，只需要在一国国内用法币购买比特币，然后在另一国市场上卖出比特币提现就可以了，费用在 1%以内，耗费时间不到 2 小时。对于一些国际汇款频繁的领域，出现了一些专门提供国际汇款服务的企业。比如，在劳务输出规模较大，国外务工汇款频繁的菲律宾，Coins.ph 为欧美务工的菲律宾人提供便捷低廉的国际汇款服务。

2．法币兑换服务

尽管密码货币的根基在于作为货币的支付功能，但是在密码货币（比特币）发展的早期，其市场规模很小，相对价格波动很大，商家接受比特币支付面临很大的币价波动带来的风险，因而不愿意接受比特币支付。为此，一些比特币企业，比如 Bitpay 和 Coinbase，提供了鼓励商家接受比特币支付的重要服务——提供即时的比特币到法币的兑换服务。基本步骤如下。

（1）商户介入兑换商的支付系统。

（2）商户按法币对商品定价，但接受等额比特币付款。

（3）一旦商户接到顾客的比特币付款，兑换商立即按即时汇率为商户兑换成法币。

这样，商户规避了汇率波动，又获得了热衷比特币支付的新用户，并具有一定的广告效应。而兑换商则通过在多个交易所的对冲化解汇兑风险。

这种兑换服务对于密码货币的早期推广起到了重要的推动作用，Bitpay 和 Coinbase 在欧美的商业拓展带来了大量的用户，形成了密码货币社区的重要基础，而 Bitflyer 在日本商户中推进比特币与日元支付兑换服务，也对 2017 年日本市场的快速拓展发挥了重要作用。

这些兑换服务一般都基于比特币，但 2016 年比特币扩容受阻之后，交易费高涨，交易拥堵，大大降低了比特币支付购物的用户体验。Bitpay 不得不宣布以往服务免手续费的优惠取消，毕竟一笔几十元的手续费集中在一起难以负担，而转由用户付费，则大幅降低了用户体验。为此，Bitpay、Coinbase 陆续宣布接受以太币（ETH）、比特币现金（BCH）和莱特币（LTC）支付。比特币官网 www.bitcoin.org 为此将 Bitpay 和 Coinbase 从推荐应用中删除。

比特币现金（BCH）的分叉很大程度上也是由于高度重视比特币的支付应用，不能接受区块容量限制在 1MB 扼杀比特币支付功能而决定分叉的。分叉后的 BCH 区块容量扩大到 8MB，并在 9 个月后扩大到 32MB，消除了未来多年的拥堵顾虑。为此，BCH 社区最主要的议题就是提高 BCH 支付应用的规模，相关企业在欧美日等国的推广已经取得显著效果，Bitpay 和 Coinbase 等早期支付商都已经接受 BCH。

3. ATM 机

为了方便比特币与法币之间的兑换，一些商家研发了比特币 ATM 机，摆放在商业人群密集区。人们可以在 ATM 机上小额购买比特币，或用比特币从 ATM 机中兑换出法币。

5.2.4 商户与电商平台

愿意接受比特币支付的商户与电商平台是密码货币发展重要的推动者，密码货币最终能否成功，取决于是否有越来越多的商户愿意接受密码货币支付，当这样的商户足够多的时候，用户能够容易地用密码货币购买各种商品，密码货币的价格才能稳定下来，才能真正成为以支付功能而非投机功能为主的货币。

1. 大型电商

早期一些大的商户接受比特币支付对比特币的发展起到了重要的促进作用，较早的有 Overstock、Newegg、戴尔、微软、Steam 等。但是，近年来的进展并不理想，尤其是比特币拥堵之后，游戏销售平台 Steam 的比特币支付几乎无法使用——人们无法接受购买十几美元的游戏需要支付十美元以上的交易费。

2. 小型商户

早期也有很多小的商户愿意接受比特币支付，这些小商户的持有者往往是密码货币的爱好者。www.coinmap.org 网站为接受比特币的小商户提供了地图服务，商户可以在 www.coinmap.org 的地图上标注自己接受比特币支付的服务，引导顾客前往光顾。尽管标注商户的数量一直在增长，但增速不快，2014 年约 6000 家，2018 年也只有 1 万多家，跟密码货币市值的几十倍增长不相称。

3. 电商平台

流通产业中一度被密码货币爱好者寄予厚望的是接受比特币支付的电商平台——Openbazaar。这曾被认为是比特币的杀手级应用。但是 2016 年 4 月发布后发展速度低于预期，一方面在于相比中心化电商（如淘宝、京东等）的用户交易体验还有很大差距，另一方面也由于 2016 年 7 月开始比特币交易费的持续上涨，使 Openbazaar 上的多数交易变得很不划算。

5.3 应用产业

密码共识机制作为一种新的经济组织模式，以改造货币创造出比特币为开端，逐渐被人们发现可以用于改造各种经济活动。尤其是 2017 年以来，比特币和区块链的革新价值被社会广泛认识到，以太坊 ERC20 为新应用项目的融资提供了十分便利的工具。密码资产的造富效应吸引各方资源将密码共识机制引入各行各业。

5.3.1 金融应用

金融领域是密码共识机制落地成功应用集中的领域。第一个成功应用就是比特币，在第三章我们介绍了比特币以及各种以成为通用货币为目标的密码货币。

金融领域第二个重要的应用是以以太坊为代表的密码证券。尽管以太坊创建的目的是通过密码共识和智能合约实现更加复杂多样的应用。但实际上，将以太坊推向成功的是它的 ERC20 合约标准。与传统证券发行和流通相比，它提供了更加便捷、去中心、流动性更强的新的证券发行和流通方式。2013 年可以说是密码货币的兴起之年，2017 年则应该说是密码证券的兴起之年。

保险也是现代经济中一个重要的中介性服务行业，是难以互信的大规模个体构成的经济活动，适合用密码共识机制加以改造，目前已经有一些保险应用项目在探索中。

供应链金融也是密码共识应用相对较为集中的领域，由于涉及的商业关系主要是核心企业与上下游企业之间的金融支持，因此，所采用的密码共识机制主要是联盟链的方式。保险和供应链金融方面的密码共识应用，我们在第七章详细讨论。

金融领域出现的密码共识应用较多，除了上述货币、证券、保险、供应链金融之外，还有提供商业结算、借贷服务、投资理财等方面。但与密码货币和密码证券相比，这些应用还不够成熟。

5.3.2 物联物流

密码共识机制在实物商品和设备的生产、流通与连接等方面的应用也是目前区块链应用的一大领域。

（1）物联网。通过密码共识激励物理设备之间建立网络连接，并形成稳定的经济系统。

（2）云存储。运用密码共识机制激励个体进行存储空间和存储内容的分享，形成分布式存储系统。

（3）云计算。运用密码共识机制将分散的运算能力集中起来，满足诸如 AI 运算等大规模运算需求。

（4）防伪溯源。密码共识机制结合物联设备实现对商品生产、流通过程的监控和信息存证，实现对商品的防伪和溯源。

（5）物流与供应链管理。利用密码共识机制对物流和供应链各环节进行更加有效的管理。

有关密码共识在物联、物流领域的应用，在第九章中详细介绍。

5.3.3 信息存证

密码共识机制所形成的区块链具有公共见证、难以篡改的重要特征，非常适合于信息存证，能提供较强的公信力。因此，这个领域的产业发展相对较快。主要的应用领域包括版权信息的存证、医疗信息的存证、职业信息的存证、司法信息的存证，以及会计领域的应用。在第八章将详细讨论。

5.3.4 数字市场

密码共识机制的重要功能在于为全球互联网的个体提供了可信的价值传输和交易体系。对于以数字形态存在的商品市场，密码共识机制更容易得到应用，因为商品本身的数字化特征使整个商业活动能够形成数字交易闭环，而不需要太多受制于商品的自然特征。

目前密码共识产业在数字市场落地的主要领域包括：游戏、博彩、音乐、知识、广告等。

（1）游戏。从基于以太坊的以太猫游戏开始，区块链游戏产业快速兴起。据链塔智库 2017 年 5 月报告，区块链游戏有 200 多款，分为击鼓传花、养成交易、博彩、卡牌、策略、战斗、挖矿、VR/AR、模拟经营九大类。此外，还有一些为区块链游戏提供平台的游戏公链项目。

（2）博彩。密码共识领域博彩应用出现较早，2013 年之前就有 SatoshiDice、Just-Dice 等博彩游戏，2014 年世界杯期间，也出现了一些基于比特币或区块链技术的球赛竞猜项目。2017 年以来，不仅早期的 Dice 项目纷纷回归，还出现了许多新的博彩项目，有些以“预言机”的形式出现。2018 年世界杯也有许多区块链相关的竞猜项目。

（3）知识。密码共识领域的知识付费较早采取的是比特币打赏的方式，2013 年前后比特币领域的论坛、资讯等内容网站大多采取比特币打赏付费。之后出现了如 Steemit、YOYOW 等自建公链和代币系统的知识付费项目。

除了游戏、博彩、知识之外，其他如音乐、广告等数字商品也有许多密码共识的应用。

5.3.5 公共服务

密码共识在公共领域的应用发展较快，尤其是在密码货币和密码证券对主权货币和金融市场造成冲击的情况下，有币区块链应用受到较强的监管，无币区块链受到政策鼓励。应用于公共事务领域的应用大多属于无币区块链。比如法律文书等公证、电子政务的区块链改造，以及公共基础设施服务的区块链改造等。

比如，广州市禅城区于2017年6月22日启动“智信禅城”计划，其推进的“区块链+办事零跑腿”“区块链+和谐共享社区”“区块链+公证”“区块链+社区矫正”等项目已取得初步成效，实现了59项政务事务、20项公证业务“零跑腿”。多家企业为“智信禅城”的“区块链+”提供了技术支持。

5.4 服务产业

密码共识的服务产业指为应用密码共识机制的企业提供各种服务的企业。这些企业的业务逻辑不一定要使用密码共识机制，而是为其他企业的密码共识应用提供帮助。最早出现的是提供比特币相关资讯聚合的资讯业。随着2017年密码共识应用的快速兴起，密码共识企业爆发式增长，推动密码共识产业分工快速深化，服务业快速形成，不但资讯业快速扩大，教育、社群、投资等服务产业也快速形成。

5.4.1 资讯

最早出现的密码共识服务业的是资讯产业，这是因为随着比特币的热度增长，人们需要了解比特币相关的信息。此后，这类资讯企业扩展到各种区块链资产及其应用。这些资讯企业提供的信息服务主要如下。

1. 数据检索

最早的资讯服务是提供比特币区块链数据浏览检索服务，即区块链浏览器。比如 www.blockchain.info，它将比特币区块链的各种数据进行索引，建立网站提供检索，不仅提供区块、交易等基本信息，还提供进一步的各种统计数据和图表，是比特币系统的基础信息来源。

尽管任何人都可以建立区块链全节点，掌握所有的原始数据，但绝大部分人没有能力对这些数据进行充分的索引和挖掘。因此，区块链浏览器几乎是早期所有用户必须使用的工具。

随着莱特币、狗狗币，以及以太坊之后的各种创新币的出现，在提供钱包和挖矿节点软件的同时，一个可以检索区块信息的区块链浏览器成了新币发行的标准配置。因为，大部分人是不会去运行全节点的。一般人了解自己的交易是否确认，必须到区块链浏览器上去检查。

2. 知识仓库

早期的比特币支持者为了宣传比特币建立了一些网站梳理和普及比特币及其相关技术的基本原理和机制。比如 www.bitcoinwiki.org 网站提供了开放的比特币知识普及平台，目前有 4616 篇文章。国内的巴比特网站自 2012 年开始积累比特币及区块链相关知识内容，是目前最为全面的中文比特币与区块链知识仓库。

2013 年以来，Coindesk 和巴比特等每年会推出一些产业发展与投资的研究报告，对产业数据的积累有重要的贡献。2018 年之后出现了更多研究机构和研究报告，比如工信部信息中心工业经济研究所的区块链产业白皮书，以及 36 氪旗下“鲸准”推出的区块链系列研究报告等。

3．交易行情

随着比特币交易所的兴起，比特币形成市场价格，比特币的投资者和投机者不断增长，了解各个交易所的价格行情成为产业生态最大的市场需求。因此，交易行情信息成为重要的，甚至核心的行业资讯。国内比较早的区块链行情网站有 BTC123 导航网站上的主要行情，其后出现的币看专注于行情资讯，逐渐占据市场优势。2017 年各种竞争币和 ERC20 代币兴起之后，MyToken、AIToken 等币种更新较快的行情 App 迅速崛起。

4．业界新闻

比特币的兴起引起了社会各界的关注，催生了一些比特币新闻网站，如 2013 年 5 月创建的 Coindesk，是早期重要的比特币新闻媒体。国内巴比特、壹比特等也推出了实时的新闻动态。

进入 2017 年，由于密码货币和各种区块链应用的兴起，尤其是后期各种币和通证对市场的需求快速增长，业界新闻成为获取市场的重要渠道。为此，快速兴起了一大批区块链财经媒体，比如金色财经、币世界、链向财经等，传统媒体也快速进入区块链领域，如链得得财经、火星财经等。

5.4.2 教育

由比特币开创的密码共识机制是一个全新的经济组织方式，是一个在探索中快速发展变化的技术和机制的集合，相关的知识正在形成过程中。但是，密码共识机制的应用已经快速发展起来，在这个过程中知识本身快速增长，对知识的需求也急速增长，相应的教育与培训企业也应运而生。

早期的知识传播主要通过公益性的科普和推广，比如维基百科 Bitcoin 词条的编写，www.bitcoinwiki.org 的建设，巴比特专栏等。随着 2017 年市场的大繁荣，催生了专门的密码共识知识的教育产业，按照需求主要分四种。

1. 投资培训

由于密码货币和通证的财富效应，社会产生了对区块链资产投资的强烈知识需求，催生了一些以投资理财为主要内容的培训，但这类培训兴起快，消退也快，一方面是由于区块链投资市场面临越来越紧的监管，另一方面也是由于市场行情下行，投资热情下降。

2. 开发课程

区块链资产的兴起刺激了有币区块链应用的开发热潮。虽然传统互联网领域培养了大量开发人才，但进入区块链开发仍然具有知识和技能门槛，因此出现了一些区块链开发培训。比较早的有郑伊廷和李笑来的新生大学全栈营、西安电子科技大学李晋开办的区块链开发课程等。

3. 系统课程

较为系统的区块链课程主要在高校有一些探索。如美国普林斯顿大学、斯坦福大学、纽约大学、杜克大学、麻省理工学院、加州大学伯克利分校和加州大学洛杉矶分校等大学陆续开设区块链课程教育。

国内清华大学、浙江大学也开设了相应的课程。本文作者也从 2018

年年初开始组织讲授涵盖技术原理、应用逻辑、产业发展、政策环境等的系统课程，为重庆工商大学 MBA 开设课程，并通过“知密大学”开展内容较为系统的短期培训和线上课程。

5.4.3 社群

2011 年前后，了解和信仰比特币的人逐渐增多，开始形成密码货币爱好者的社区。这些社区随着规模的扩张和传播形式的发展陆续出现了一些不同的形式。随着密码共识产业的扩张，这些社群不只是爱好者交流的空间，更是具有巨大商业价值的获取流量和流量变现的产业环节。

1. 论坛

密码货币社群在早期主要通过互联网论坛网站交流，国外比较著名的有 www.bitcointalk.org 和 www.reddit.com 的 Bitcoin 板块和后来的 BTC 板块，国内有巴比特论坛，这些论坛现在仍然活跃。2013 年之后各种竞争币出现，大多也在 Bitcointalk、Reddit 和巴比特论坛有相应的讨论区。

2. QQ 群与微博

2013 年前后，密码货币的爱好者范围显著扩大，出现了一些以密码货币为主题的 QQ 群，以这些 QQ 群形成了一些相对较为稳定的密码货币社区。同时，微博的兴起带来传播密码货币知识和建立社交关系的一个重要途径，万人以上粉丝的新浪微博博主成为国内密码货币社区信息传播的主节点。

3. 微信与 Telegram

2017 年密码共识应用随着密码货币和通证的兴起形成快速的社会传

播，国内微信应用的普及性使得微信群、微信公众号、微信朋友圈成为密码共识应用、新闻和知识传播的重要渠道。由于微信群的500人限制，出现了一些几十个微信群联合的大的微信社区。

随着国内对密码货币交易所和ICO禁令的出台，更多项目转移至海外，国内社群也更多关注国外产业发展，这使得跨国社交软件Telegram（电报）快速成为全球最为流行的密码共识社交工具，一些大的项目电报群规模可以达到几万人以上。以微信、电报为主的区块链社区运营已经成为独立的产业。

4. 会议

2013年前后，比特币的线下会议和各种聚会开始出现，比如2014年在北京举办的比特币国际峰会上，郭宏才发起的“比特币中国行”系列城市聚会，对于传播密码货币和密码共识机制知识，促进产业形成产生了积极的推动作用。

2017年区块链投资热潮也带来线下沙龙和会议的高潮，各种形式的线下沙龙、全国行、万里行活动，以及各种规格的区块链大会应接不暇，在活动行、巴比特活动版块、互动吧等各种会议活动聚合平台上，可以找到各个城市的成百上千个线下沙龙和会议。以至于业界流行一句话：“区块链有两大应用，一是炒币，二是开会。”不管怎样，会议已经成为密码共识产业的重要组成部分。

5.4.4 投资

密码货币和通证的兴起吸引了对密码共识产业的产业投资，发展至今已经形成了规模庞大、运作专业的密码共识创投产业。

1. 早期投资

早期的密码货币创业投资较少，人们熟知的早期创投者有 Roger Ver 和李嘉诚。Roger Ver 从 2011 年起开始陆续投资比特币相关的创业公司，包括 Ripple、Blockchain.info、Bitpay 和 Kraken 等，并且一直坚持到现在，对密码共识产业发展做出了卓越的贡献。李嘉诚作为全球著名的投资人，他通过旗下的风投公司维港（Ventures）投资美国比特币支付公司 BitPay，这对密码货币产业也有重要的推动意义。

2014 年李笑来在国内发起了比特币基金，筹集 3 万个比特币对比特币产业的钱包、交易所、矿场等多个领域进行了投资。虽然这个基金最终因多种原因，尤其是杠杆交易而失败，但这确是较早的密码货币专项投资基金。

2015 年开始，随着越来越多的人知道区块链，以及各个国家开始重视对于区块链技术的发展。许多创业者与机构开始重视区块链技术本身。著名的摩根大通、高盛、纳斯达克等公司都开始投资自己看好的区块链项目。

2. 创投基金

2017 年区块链资产市场的火爆催生了大规模的创投和一批创投基金，投资方式开始主要是股权投资，下半年全面进入了 Token 投资。

股权融资方面，根据 IT 桔子雷达数据库数据显示，2014 年至 2018 年 3 月，国内区块链融资 229 起，总额 27.78 亿元。其中，2017 年投资机构共完成 100 次融资，投入 12.71 亿元至区块链项目，而 2018 年仅第一季度投资就达到 58 起，总额 6.81 亿元。

代币融资指的是投资者认购区块链项目 Token 的融资方式。2014 至

2018 年 3 月，全球代币融资的区块链项目共 1490 项，共募集约 9045 亿美元，规模远远超过了区块链股权融资，传统 VC 也大举进入区块链领域。

3. 政府基金

2016 年以来各级各地政府也逐渐认识到区块链对经济增长的重要推动作用，开始对区块链产业进行扶持，动作较快的省市相继推出了涵盖或针对区块链产业的政府引导的创业投资基金。

2018 年 4 月 9 日，在杭州区块链产业园启动仪式上，雄岸全球区块链创新基金正式成立，基金规模 100 亿元人民币，其中 30%来自政府引导基金，其余为社会募资。

2018 年 4 月 22 日，深圳市区块链创投基金正式启动，基金规模为 5 亿元人民币，其中深圳市天使投资引导基金出资 40%。

2018 年 5 月 19 日，在北京市金融工作局支持下，北京区块链生态投资基金正式启动，基金规模 10 亿元，专注无币区块链应用。

6

密码共识基础设施

密码共识机制适合于大规模经济活动的组织，因此，对密码共识机制的应用首先发生在经济基础设施领域。首先落地尝试并取得成功的是市场经济的枢纽——货币领域，如比特币。在密码货币的基础上，人们考虑将密码共识应用到更多领域，前提是建立一个能够开发密码共识系统的开发平台，如以太坊。进一步尝试建立支撑更高性能和规模的密码共识应用的操作系统、文件系统等。本章介绍这些基础设施层面的密码共识应用。

6.1 货币

前文已经介绍了密码货币的原理及其应用。这里基于货币发展的历史逻辑，讨论一下密码货币的历史意义。

货币是人类社会的伟大发明，是市场经济的枢纽，如同人的心脏和血脉使整个经济流动起来。货币的发展经历了几个阶段，最新的阶段就是密码货币。

6.1.1 实物货币

人类最早的货币是实物货币，如小麦、牛羊、贝壳等，此类货币的内在价值来自它的某种用处，比如可以吃或装饰等。

货币的第一次革命是因为人们觉得小麦等东西储存时间不长、体积大，交换难度大，损耗也大，而某些金属，如铜、银、金等，不仅耐储存、易携带，而且很小一块就有较大的价值，虽然没有小麦常用，但它的市场价格大家都知道，交换更便利，不易损耗，逐渐就取代了小麦成为公认的货币。

从小麦到铜、银、金，它们的用处虽然越来越小，但由于数量越来越稀少，每一克所能承担的交换规模越来越大，所以单位价值越来越大，最终形成了金本位的全球货币体系。与小麦相比，黄金能方便交换的用处所带来的价值已经远远大于其他用处带来的价值了。这是革命性的变化——货币的价值主要来自它能方便交换的用处。

6.1.2 铸币

货币的第二次革命是铸币的出现。人们用贵金属交换仍然很麻烦，每次交易都要称重、切割、检验成色等。于是，人们共同信任的人，如国王，就将金银铸造成具有一定形状、加印了特殊图像、标明了分量的铸币。这为人们的交易省去很多麻烦。而国王可以用 0.9 磅的黄金制作成面值 1 磅的金币，从而获得了 0.1 磅的铸币税。可以说 1 磅金币的价值中 0.9 磅来自黄金，0.1 磅来自对国王的信任。

6.1.3 信用创造货币

货币的第三次革命是商业信用的出现。随着交易规模的扩大，大商人存放和携带黄金成了很麻烦和危险的事，于是出现了专门提供黄金存储服务的银行。银行获得存款后可以贷给其他商人。A 商人 100 磅黄金存入 X 银行后，仍然可以通过转账使用这 100 磅黄金，而 X 银行将其中 80 磅贷给 B 商人后，A 商人在银行账上的 100 磅可用，B 商人获得的 80 磅黄金也可用。从而，A 的 100 磅黄金在市场上成为 180 磅可用的支付货币。多出来的 80 磅就是商业信贷所创造的货币。

6.1.4 纸币

货币的第四次革命是纸币的出现。为了方便存款人不提黄金即可支付，银行为存贷款用户提供票据代表黄金进行流通，逐渐发展成银行券，即纸币。存款者存入 100 镑黄金，银行给他 100 张 1 镑的纸币，承诺随时可以凭此取回相应的黄金。这就是早期的金本位纸币。这次革命的关键在于：凭借信任，近乎毫无用处的东西，如纸，可以代表贵金属成为货币，这带来了交换的方便。

6.1.5 法币

货币的第五次革命是法币的出现。纸币出现早期，银行缺乏约束，倾向于发行尽可能多的纸币，而不顾其黄金储备。当经济不景气或一些事件导致人们更愿意把黄金取出的时候，银行超发的货币无法兑换出黄金，就会倒闭。一家银行倒闭会导致储户对整个银行业的担忧，产生挤兑，导致大面积的银行倒闭，欧美银行体系早期都经历了这种局面。

为了防止这种情况，各国成立了中央银行，垄断纸币发行权，并监督银行留足准备金。央行背后是强大的国家权力，当发生严重金融紧缩的时候，央行也没有足够的黄金帮助银行体系兑付纸币，从而不得不强制宣布停止兑付黄金。

在几次停止兑付之后，人们终于发现，纸币不需要黄金作抵押，国家信用完全可以保障纸币承担本国货币职能。这样，没有任何抵押，完全由国家信用背书的法币体系出现了。

以央行为中心的银行体系将信用货币发挥到了极致：货币由流通纸币和账面存款构成，这些货币没有其他用途支撑，只有方便交换的用途，其价值与贵金属无关，完全依赖于人们对政府和银行体系的信任。

6.1.6 密码货币

法币体系解决了铸币和金本位的黄金不足和通货紧缩问题，但也有它自身的缺陷，主要在于：(1) 政府容易通过增发货币来追求短期繁荣从而造成持续的通货膨胀；(2) 不同国家发行不同主权货币，给跨国贸易造成巨大的交易成本，汇率波动和投机也给世界经济造成损害。

密码货币的出现解决了法币体系的问题：(1) 通过数字加密技术和分布式维护机制保证了其发行速度和未来总量由多数人共同决定，任何政府和机构不能滥发；(2) 比特币没有国界，可以在国家间自由流动，成本几乎为零。不仅如此，密码货币通过非对称密码技术，消除了信任中介，从而节约了银行体系中的大量人力物力资源耗费。

不仅如此，密码货币也保留和发扬了货币发展的几个重要成果。

(1) 比特币的价值仍依赖于信任，但不是对少数权威的信任，而是对数学和多数人决策机制的信任，其信任基础更加牢靠。

(2) 比特币依然可以通过银行的存贷活动扩张货币数量，但比特币银行的账目可以依托 blockchain，做到更加透明，使扩张受到监督，并大幅度降低银行运行成本。

(3) 与黄金相比，密码货币供给量更加稳定，供给机制更加透明，并且摆脱了黄金的物理分割局限。

(4) 与纸币相比，比特币的价值来自自身更加高效、便利的交易机制，无须代表贵金属，也无须依赖权威组织。

从历史发展看，密码货币相对其他货币是具有优势的。但是，目前仍处在密码货币发展的早期。由于使用范围太小，投资和投机因素较重，造成币值波动极大，大大削弱了其支付功能。整体上，密码货币还没有完成其货币革命，还需要时间和市场的检验。

6.2 开发平台：以太坊

密码货币主要是通过程序完成货币的发行和流通，主要是地址到地址的转账功能。为了实现密码共识机制更加复杂多样的应用，需要超越简单的转账功能，实现更加复杂的交易。这就需要在货币功能之上，在密码共识平台中加入智能合约，这种尝试在以太坊上获得了初步的成功。

通俗地讲，以太坊就是把传统合同合约变成智能合约，通过自动化解决了传统合同的纠纷等棘手问题。传统的合同合约依据法律订立、执行，违约处理依赖律师、法院；以太坊的智能合约通过程序订立、执行，人工无法干预，所以几乎可以做到零纠纷。

6.2.1 以太坊基础入门

以太坊（Ethereum）是建立在区块链技术之上的一个智能合约和去中心化应用的平台。以太坊是一个开放源代码项目，由全球范围内的很多人共同创建。它允许任何人在平台中建立和使用通过区块链技术运行的去中心化应用。平台这个概念很有意思，例如 Windows 是一个平台，微信也是一个平台，淘宝也是一个平台。所谓的平台，就是在这上面，我们能根据需要开发自己的应用系统。以太坊其实和比特币系统一样，也是使用某种算法和数据结构产生的一堆数据，这一堆数据还在继续不断地增加。不同的是，这两者的算法和数据结构不一样罢了。

以太坊平台的构想是在2013年11月提出来的，当时的目标是创建一个更通用的区块链平台——通过工作量证明机制（或最终转换成权益证明机制）实现了共识，并将其与状态丰富的图灵完备虚拟机的抽象能力结合起来，从而让应用程序开发者更容易地创建区块链上的应用程序，并能受益于区块链的去中心化和安全的特性，特别是避免了为每一个新的应用程序创建一个新区块链的麻烦。

因此以太坊它是一个通用的平台，用户可以在上面搭建并实现所需要的功能，就如搭建一个App一样。在以太坊网络中，众多的节点彼此连接，构成了以太坊网络（如图6.1所示）。

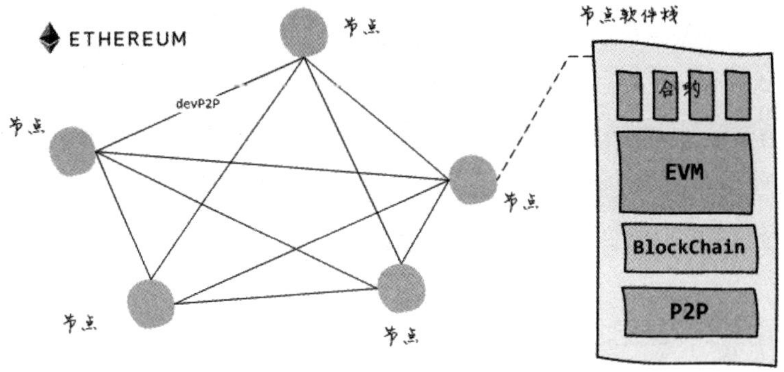

图6.1 以太坊网络及节点示意图

以太坊节点软件提供两个核心功能：数据存储、智能合约执行。在每个以太坊全节点中，都保存有完整的区块链数据。以太坊不仅将交易数据保存在链上，编译后的合约代码同样也保存在链上。在以太坊全节点中，同时还提供了一个虚拟机来执行智能合约。

6.2.2 数据存储

以太坊中每笔交易都存储在区块链上。每部署一次智能合约就是一笔交易。所有的这些交易都是公开的，每个人都可以看到并进行验证。这个数据永远也无法篡改。为了确保网络中的所有节点都有着同一份数据，并且没有向数据库中写入任何无效数据，以太坊目前使用工作量证明(POW)算法来保证网络安全，即通过矿工挖矿来达成共识，从而将数据同步到所有节点。

6.2.3　智能合约

以太坊不仅仅在链上存储交易数据，它还可以在链上存储和执行智能合约代码。在数据库层面，区块链的作用就是存储交易数据。那么智能合约的逻辑放在哪儿呢？以太坊提供了Solidity语言来编写业务逻辑/应用代码（也就是智能合约），然后将智能合约代码编译为以太坊字节码，并将字节码部署到区块链上，并由以太坊虚拟机执行（如图6.2所示）。编写以太坊智能合约代码也可以使用其他的语言，不过 Solidity 是到目前最流行的选择。

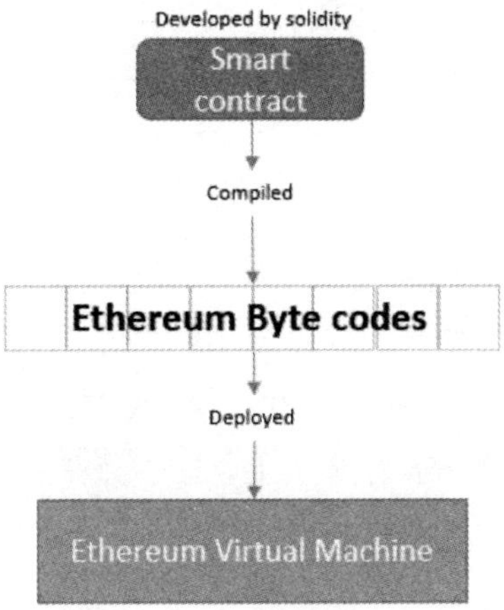

图6.2　以太坊智能合约开发过程

Solidity 是一种面向对象的语言，语法非常类似于 ECMAScript (JavaScript)。该编程语言基于 IFTTT 逻辑（即 IF-THIS-THEN-THAT 逻辑工作，如果符合某个条件则做某件事情）。基本上，如果完成了第一组指令，那么执行下一个功能，然后执行下一个功能，并继续重复，直到达到合同结束。图 6.3 显示了智能合约如何在 Ethereum 生态系统中完成的。

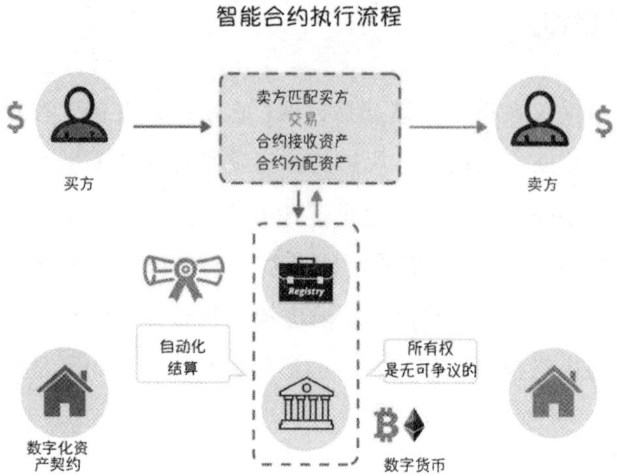

图 6.3 智能合约在 Ethereum 生态系统中的执行流程

6.2.4 以太坊虚拟机

以太坊区块链不仅要存储数据和智能合约，每个节点中还包含一个虚拟机（EVM，Ethereum Virtual Machine）来执行智能合约代码。这个虚拟机就像计算机的操作系统一样。事实上，这一点是以太坊区别于比特币最核心的一点，虚拟机的存在使区块链迈入了 2.0 时代，也让区块链第一次成为应用开发者友好的平台。

以太坊是可编程的区块链。它并不是给用户一系列预先设定好的操作

（例如比特币交易），而是允许用户按照自己的意愿创建复杂的操作。这样一来，它就可以作为多种类型的去中心化区块链应用的平台。

以太坊狭义上是指一系列定义去中心化应用平台的协议，它的核心是以太坊虚拟机，可以执行任意复杂算法的编码。在计算机科学术语中，以太坊是“图灵完备的”。开发者能够使用现有的 JavaScript 和 Python 等作为编译模型的语言，创建出在以太坊模拟机上运行的应用。和其他区块链一样，以太坊也有一个点对点网络协议。以太坊区块链数据库由众多连接到网络的节点来维护和更新。每个网络节点都运行着以太坊模拟机并执行相同的指令。因此，人们有时形象地称以太坊为“世界电脑”。

这个贯穿整个以太坊网络的大规模并行运算并不是为了使运算更高效。实际上，这个过程使得在以太坊上的运算比在传统“电脑”上更慢更昂贵。然而，每个以太坊节点都运行着以太坊虚拟机是为了保持整个区块链的一致性。去中心化的一致使以太坊有极高的故障容错性，保证零停机，而且可以使存储在区块链上的数据保持永远不变。

以太坊平台本身和编程语言相似，由企业家和开发者决定它的用途。不过很明显，某些应用可以与以太坊很好契合从而获益。以太坊尤其适合那些在点与点之间自动进行直接交互或者需要大规模分布式协作的应用。例如，协调点对点市场的应用，或是复杂财务合约的自动化。比特币使个体能够不借助金融机构、银行或政府等其他中介来进行货币交换，以太坊的影响则更为深远。理论上，任何复杂的金融活动或交易都能在以太坊上用编码自动且可靠地进行。除金融类应用外，任何对信任、安全和持久性要求较高的应用场景，比如资产注册、投票、管理和物联网——都比较适合使用以太坊平台。

6.2.5 以太坊工作原理

以太坊合并了很多对比特币用户来说十分熟悉的特征和技术，同时自己也进行了很多修正和创新。比特币区块链纯粹是一个关于交易的列表，而以太坊的基础单元是账户。以太坊区块链跟踪每个账户的状态，所有以太坊区块链上的状态转换都是账户之间价值和信息的转移。账户分为两类。

- 外部账户（EOA，Externally Owned Account），由私人密码控制。
- 合约账户（Contract），由它们的合约编码控制，只能由外部账户“激活”。

如果账户属于外部账户，则状态会简单地存储这个账户的以太币余额（也包含基于以太坊发行的其他代币）以及一系列用于防止双重支付的序列号。如果账户是一个合约，则状态会存储合约的代码，以及合约的存储空间——一种键值数据库（Key-value Database）。

如果一个交易被发送到外部账户，则它除了简单地作为发送以太币以外，并没有其他用途。如果一个交易被发送到一个合约里， 则会执行合约的代码。这个代码有能力实现以下功能。

- 读取交易数据。
- 读取交易中被发送的以太币余额。
- 读取或写入合约自己的存储空间。
- 读取环境变量，如时间戳、区块难度、前一个区块的哈希值等。
- 向另一个合约发送一个“内部交易”。

对于大部分用户来说，两者基本的区别在于外部账户是由私人所掌控——因为他们能够控制私钥，进而控制外部账户。而合约账户则是由内部编码管控。如果他们是被人所控制的，那也是因为程序设定它们被具有特定地址的外部账户控制，进而被持有私钥控制外部账户的人控制着。只有当外部账户发出指令时，合约账户才会执行相应的操作。所以合约账户不可能自发地执行应用程序等操作，只有受外部账户激活时，它才会做这些事。这是因为以太坊要求节点能够与运算结果保持一致，这就要求保证严格确定执行。

和比特币一样，以太坊用户必须向网络支付少量交易费用。这可以使以太坊区块链免受无关紧要或恶意的运算任务干扰，比如分布式拒绝服务（DDoS）攻击或无限循环。交易的发送者必须在激活“程序”的每一步进行支付，包括运算和存储，费用通过以太币支付。以太坊解决这个问题的方法是汽油（Gas）：交易的发送者定义他们授权代码运行所需要的最大计算步数，然后为此支付相应比例的以太币。在实际中，不同的操作过程需要耗费的 Gas 数量不同，这些耗费的标准不仅是基于执行每一种操作过程所需的运算时间，还包括如全节点储存以及内存耗费等因素，因此 Gas 并不只是一个用于统计运算步数的标准，不过我们初步就理解成：Gas=计算步数。

若在执行交易的过程中 Gas 被耗尽了，如超出了其允许的最大计算步数所需的预算，则交易的执行会被回滚，但交易还是正确的（只是不再有效了），发送者照样要付相应的费用。因此，交易的发送者必须在下面两种策略之间进行取舍。

- 设置一个更高的 Gas 限额，这可能会支付更高的交易费。
- 设置一个较低的 Gas 限额，这样可能会创建出一个会被回滚的交易，就需要以一个更高的限额重新发送一遍了。

通过 Gas 可以简单地要求所有的交易都包含一个给定的最大限制（如每个交易的 Gas 上限是 100 万），这样即使有人发动无限循环攻击，也只能最多执行 100 万 Gas 允许执行的计算步数，无法导致系统长期的死循环。

以太坊交易费用由矿工收集，以维护以太坊系统的正常运行。这些“矿工”就是以太坊网络中收集、传播、确认和执行交易的节点。矿工们将交易分组——包括许多以太坊区块链中账户“状态”的更新——分成的组被称为“区块”，矿工们会互相竞争，以使他们的区块可以添加到下一个区块链上。矿工们每挖到一个成功的区块就会得到以太币奖励。这就为其带来了经济激励，促使矿工们继续为以太坊网络贡献硬件和电力。

6.2.6 智能合约范例：收益共享

由于本书是一个初级入门教程，我们不对程序做详细的说明，仅仅让读者对智能合约有个较为具体的认知。下面以一个最新版本的以太坊账户中的智能合约为例，来简单说明。

以下这个合约将实现收益共享功能。简而言之，部署合约时会给出地址列表，任何人都可以发送一定数量的资金（这里使用 Ethers 或 Ethers 的面额），这笔资金平均分配到清单上的地址。

Solidity 合约如下：

```
    pragma solidity ^0.4.8;
    //合约名为 RevenueSharing
    contract RevenueSharing {
       address public creator;
       mapping(uint => address) public shareholders;
       uint public numShareholders;

       event Disburse(uint _amount, uint _numShareholders);

    //构造函数，并且只在合约部署时调用一次。在这份合约中看到提供了一系列地址，这个地址数组存储在名为股东的数组中。
       function RevenueSharing(address[] addresses) {
            creator = msg.sender;
```

```
            numShareholders = addresses.length;
            for (uint i=0; i< addresses.length; i++) {
                  shareholders[i] = addresses[i];
            }
      }

   //当用一定数量的 Ethers(以 msg.value)执行这个函数时，金额被平分给股
东(总金额/股东数量)，股东列表中的每个地址将得到该部分。
      function shareRevenue() payable returns (bool success) {
            uint amount = msg.value / numShareholders;
            for (uint i=0; i<numShareholders; i++) {
                  if          (!shareholders[i].send(amount))
revert();
            }
            Disburse(msg.value, numShareholders);
            return true;
      }

      //删除合约
      function kill() {
            if (msg.sender == creator) selfdestruct(creator);
      }
   }
```

6.3 操作系统 EOS

在区块链浪潮中，开发者面临的一个挑战是需要从零开始建立一个新的区块链应用，这项工作十分困难复杂，其中最困难的部分当属如何达成共识，即采用传统的工作量证明（POW）还是权益证明（POS）等其他的共识机制。对于小企业主或者创业公司来说，网络的安全性、稳定性以及代币的分发有比较高的门槛。对于一家小的创业公司来说，它不可能独立地建立一整套完整的区块链体系。这就好比一个程序员为了开发一款手机App，他不仅需要从零开始制作了一台手机，同时还要为这款App量身打造了一个操作系统。如果是这样的话，现在就不可能会有这么多的手机应用。为了解决这个问题，EOS（Enterprise Operation System）应运而生。EOS定位是下一代区块链智能合约平台，致力于解决当前区块链技术中的

一些关键挑战：性能、用户体验和治理。

6.3.1 EOS 基础入门

EOS 是一个允许开发者在其协议上创建区块链应用（DAPP）的新平台。EOS.IO 软件引入一种新的区块链架构设计，它使得去中心化的应用可以横向和纵向扩展。这通过一个区块链操作系统来实现，在它之上可以构建应用程序。它为应用开发者提供了数据库、账号许可、进程调度、验证、互联网应用通信以及跨越数百个 CPU 内核或集群的应用程序调度等功能。EOS 还为开发者提供了必要的开发工具，使得开发者可以专注于应用的开发，而不需要关心密码共识与去中心化的实现。因此，EOS 是一种区块链架构，它可以扩展至每秒处理百万级交易，消除用户的手续费，并且允许快速和轻松地部署去中心化的应用。

6.3.2 EOS 的共识算法

EOS.IO 系统采用股份授权证明机制（DPOS）作为其去中心化共识算法。EOS.IO 系统同一时间仅允许一个节点生成区块，出块时间为 3 秒。如果未在规定时间内生成区块则这一区块将被跳过。当一个或多个区块被跳过时，在区块链中会有一个 6 秒或更长时间的间隔。在 EOS.IO 软件中，区块通过 21 个节点轮流产生。在每一轮开始时，在 21 个节点中选出一个记账。21 个超级节点的产生，都由公平、公正的投票产生。如果 21 个节点代表不能履行他们的职责，比如说当轮到他们工作时，没能及时生成区块，他们就会被除名，再由社区选出新的超级节点来替代。这样通过最小化区块丢失数量来确保网络操作的稳定性。

在一般情况下，一个 DPOS 区块链不会出现任何的分叉，因为区块生产者是通过合作而非竞争的方式来生产区块。即便真的出现了分叉，共识机制也会自动切换到最长的链上。

通常 DPOS 区块链 100%会有节点参与。一个交易从广播开始后平均 1.5 秒就可以认为是被确认了。在一些特殊情况下例外，软件出现 Bug，网络拥塞，或一个恶意的节点制造了分叉。为了确保一个交易绝对是不可逆的，这需要 21 个节点中的 15 个给出确认。通常在 EOS.IO 系统中，这一过程平均需要 45 秒。默认情况下，当 21 个节点中有 15 个给出确认这一区块就是不可逆的了，并且不管长度如何分叉都只能在这一区块之后发生。

在分叉开始的 9 秒内，一个节点就可以警告用户他们极可能正处于分叉中。在连续丢失 2 个区块后，有 95%的概率可以确认一个节点处于分叉中。在连续丢失 3 个区块后就有 99%的概率确认。可以通过节点丢失、近期参与率和其他参数来构建鲁棒性预测模型，从而快速地警告操作者出现了问题。对于这种警告的反应完全取决于商业交易的性质，但最简单的做法就是等待 15 个节点的确认，直到警告消失。

6.3.3 EOS 与以太坊对比

首先，EOS 与以太坊之间最大的区别是分布式共识机制。以太坊使用的是工作量证明机制，而 EOS 使用的是股份授权证明机制。

从可扩展性来说，EOS 与以太坊有着很大的差别。一个平台想在商业上可行，那么扩展性就极为重要。目前以太坊网络受限于 CPU 的单线程性能。早期的测试网络只能达到每秒 25 笔交易，经过优化后，可以增加到每秒 50 笔至 100 笔交易。然而，在实际应用中，以太坊网络只能达到每秒 10 笔交易，甚至更少。网络拥堵问题，使得只有那些给出高额交易费的交易才能够被执行。EOS 相对以太坊有两个显著优势，一旦实现，EOS 将成为真正商业级去中心应用平台。第一，EOS 依赖于石墨烯技术，在压力测试中，石墨烯技术已能达到每秒 10000～100000 笔交易。第二，EOS 使用并行技术来拓展网络，处理能力将到达每秒百万笔交易。如果这些都能实现，EOS 将能支持上千个商业级 DAPP。EOS 将使用匿名通信技术，同时把验证与执行分开来提高速度，由于它没有交易费用，EOS 也就不需要计数操作。

从经济模型上来说，EOS 和以太坊之间的区别在于所有权模式和租赁模式。在以太坊中，交易、存储、操作、带宽使用的每次计算都需要 Gas 费用。而且，Gas 费用是波动的，能设成非常高的值，因为矿工倾向于选择那些高费用的交易来处理。这种经济模式会出现一种情况：富有的用户可以向网络中发送大量交易从而导致网络瘫痪。而且，这种模式要求开发者和创业公司在他们应用的开发和部署期间持续地花费。

相反，EOS 将使用所有权模式，在这种模式中，持有 EOS 代币将在网络带宽、存储、处理能力方面给予用于一定的份额。这意味着如果某人拥有 1%的 EOS 代币，那么他就永远只能获得 1%的网络带宽，而不管网络剩余部分的负载情况。通过这种方法，小的创业公司和开发者都能购买相对较小的网络的份额，从而能够得到稳定可靠的、可预期的网络带宽和算力，如果他们需要扩大他们的应用只需要购买更多的 EOS 代币即可。除了开始时购买 EOS 代币的成本，由于 EOS 网络没有交易费用，因此就不存在网络开发成本。

6.4 文件系统 IPFS

星际文件系统（Inter Planetary File System，IPFS）是一种点到点的分布式文件系统，由 Juan Benet 在 2014 年 5 月份发起。IPFS 连接的计算设备都拥有相同的文件管理模式。从某种意义上来说，这个概念和 Web 的最初理念很类似，但是实际上 IPFS 更像是互相转发 Git 目标的单个 Bit Torrent 用户群。IPFS 具备成为互联网子系统的可能，通过合理配置可以完善甚至替代超文本传输协议（Hyper Text Transport Protocol，HTTP）。通过存储多个数据副本，IPFS 协议被认为可以用于创建一种更加永久的网络，使数据难以被删除。

6.4.1 IPFS 基础入门

在中心化模式里，服务高度依赖中心网络。大公司或者创业公司无法承受宕机，需要消耗特别高的成本，通常需要雇一批运维专家或专业人士，去保障系统的稳定性。在分布式模式里，存储数据又有丢失的风险，比如电缆被挖断，员工删库跑路，这些都是隐患。就网络空间的治理模式而言，需要一个新的互联网传输协议，一个旨在创建持久且去中心化的分布式存储和共享文件的网络传输协议。

IPFS 本质上是一种内容可寻址、版本化、点对点超媒体的分布式存储、传输协议，可以构建更快、更安全、更自由的互联网时代，目标是补充甚至取代过去 20 年里使用的超文本传输协议（HTTP）。IPFS 的开发目前处于 Alpha 试验阶段，还没能替代现存的网站存储系统。

IPFS 用基于内容的寻址替代传统的基于域名的寻址，用户不需要关心服务器的位置，不用考虑文件存储的名字和路径。用户上传一个文件到 IPFS 节点中，将会得到基于其内容计算出的唯一密码哈希值。哈希值直接反映文件的内容，哪怕只修改 1 比特，哈希值也会完全不同。当 IPFS 被请求一个文件哈希时，它会使用一个分布式哈希表找到文件所在的节点，取回文件并验证文件数据。IPFS 从根本上改变了查找的方式，这是它最重要的特征。在 HTTP 协议中，用户查找的是位置，而在 IPFS 系统中，用户查找的是内容。

IPFS 是通用目的的基础架构，基本没有存储上的限制。大文件会被切分成小的分块，下载的时候可以从多个服务器同时获取。IPFS 的网络是不固定的、细粒度的、分布式的网络，可以很好地适应内容分发网络的要求。这样的设计可以很好地共享各类数据，包括图像、视频流、分布式数据库、整个操作系统等。

IPFS 提供了一个友好的 Web 访问接口，用户可通过 http://ipfs.io/hash 获取 IPFS 网络中的内容，也许在不久的将来，IPFS 协议将会彻底替代传统的 HTTP 协议。

6.4.2 IPFS 解决方案

以一个具体的例子来说明，IPFS 不同于 HTTP 的解决方案。例如：服务器上运行着一个文件 https://neocities.org/img/neocitieslogo.svg（如图 6.4 所示），遵照 HTTP 协议浏览器首先会查找服务器的位置（IP 地址），随后向服务器索要文件的路径。这种体系下文件的位置取决于服务器管理者，而用户只能寄希望于文件没有被移动，并且服务器没有关闭。

图 6.4　https://neocities.org/img/neocitieslogo.svg 网页的内容

IPFS 的做法则是不再关心中心服务器的位置，也不考虑文件的名字和路径，只关注文件中可能出现的内容。把刚才的文件 neocitieslogo.svg 放到 IPFS 节点，它会得到一个新名字 QmXGTaGWTT1uUtfSb2sBAvArMEVLK4rQEcQg5bv7wwdzwU，是一个由文件内容计算出的密码哈希值，它直接标识了文件的内容。当 IPFS 被请求一个文件哈希时，它会使用一个分布式哈希表找到文件所在的节点，取回文件并验证文件数据。虽然早期的分布式哈希表曾遭受过非法攻击，但是已经有一些新的方案来解决数据安全问题。

IPFS 文件还可以抽象成特殊的 IPFS 目录，从而标注一个可读的文件名（透明地映射到 IPFS 哈希），在访问的时候会像 HTTP 一样获取一个目录索引。在 IPFS 上建立网站的流程和过去一样，而且把网站加入到 IPFS 节点的指令只需要一条指令：

```
ipfs add -r yoursitedirectory
```

网页间的链接不再需要人去维护，IPFS 自带的查找可以解决。

6.4.3 IPFS 的技术架构

IPFS 与老技术相比优势在于：第一，能提高系统效率；第二，能够降低系统成本。下面具体谈一下 IPFS 的技术架构。IPFS 至少有八层子协议栈，从上至下为身份层、网络层、路由层、交换层、对象层、文件层、命名层、应用层（如图 6.5 所示），每层协议栈各司其职，又互相搭配。

（1）身份层和路由层

对等节点身份信息的生成以及路由规则是通过 Kademlia 协议生成制定，实质是构建了一个分布式松散哈希表，简称 DHT，每个加入这个 DHT

网络的人都要生成自己的身份信息，然后才能通过这个身份信息去负责存储在这个网络里的资源信息和其他成员的联系信息。如同微信名片分享，在无法通过直接搜索微信号的情况下，如果要找一个人，可以通过有这个人联系方式的朋友分享名片来建立联系。

图 6.5　IPFS 的八层子协议栈结构

（2）网络层

网络层是系统的核心，使用的 LibP2P 可以支持任意传输层协议。IPFS 团队将点对点网络的网络层从 IPFS 工程里面分离出来，形成一个独立的项目，这就是 LibP2P。NAT 技术能让内网中的设备共用同一个外网 IP，家庭路由器就是这个原理。

（3）交换层

交换层类似迅雷这样的 BT 工具。迅雷其实是模拟了 P2P 网络，并创建中心服务器，当服务器登记用户请求资源时，让请求同样资源的用户形成一个小集群，在这里分享数据。这种方式有弊端，因为服务器是由迅雷统一维护，如果出现了故障、宕机，下载操作就无法进行。中心化服务还可以限制一些下载请求，人们发明了一种更聪明的方式就是 BitTorrent，让每一个种子节点所要存储的数据，通过哈希表存储在里面，BT 工具相对不太受监管，服务更加稳定。IPFS 团队把 BitTorrent 进行了创新，叫作 BitSwap，它增加了信用和账单体系来激励节点去分享，用户在 BitSwap 里增加数据会增加信用分，分享得越多信用分越高。如果用户只去检索数据而不存数据，信用分会越来越低，其他节点会在嵌入连接时优先选择信用分高的节点。

这一设计可以解决“女巫攻击”，信用分不可能靠机器提高，一直刷检索请求，信用分越刷越低。请求次数和存储量的变量之间有一个比较精妙的算法，类似一个抛物线，前期可以容忍很多东西，达到一定次数后不再信任。

（4）对象层和文件层

对象层和文件层适合结合来谈，它们管理的是 IPFS 上 80%的数据结构，大部分数据对象都是以默克有向无环图（Merkle Directed Acyclic Graph，Merkle DAG）的结构存在，这为内容寻址和去重提供了便利。文件层是一个新的数据结构，与 DAG 并列，采用 Git 一样的数据结构来支持版本快照。

（5）命名层

命名层具有自我验证的特性（当其他用户获取该对象时，使用指纹公钥进行验签，即验证所用的公钥是否与 NodeId 匹配，这验证了用户发布对象的真实性，同时也获取到了可变状态），并且加入了 IPNS 这个巧妙的设计来使得密码后的 DAG 对象名可定义，增强可阅读性。

（6）应用层

IPFS 核心价值就在于上面运行的应用程序，用户可以利用它类似 CDN 的功能，在成本很低的带宽下，获得想要的数据，从而提升整个应用程序的效率。

6.4.4 IPFS 与区块链

IPFS 这个项目其实很大，并不像大家想象的是一个简单的东西，IPFS 是由很多模块组成，每一个模块现在都已经独立成项目了，并且有自己的主页。下面简单介绍一下 IPFS 与区块链的关系。区块链的本质是分布式账本，瓶颈之一就是账本的存储能力。目前大部分公链的最大问题是没法存储大量的超媒体数据在自己的链上。比特币至今全部的区块数据也才 30～40GB 左右，以太坊这样可编程的区块链项目也只能执行和存储小段合约代码，DApp 想发展成超级 App，受到了极大的限制。

（1）LibP2P

LibP2P 是 IPFS 核心中的核心，面对各式各样的传输层协议以及复杂的网络设备，它可以帮助开发者迅速建立一个可用 P2P 网络层，快速且节约成本。因此，LibP2P 主要功能是发现节点、连接节点、发现数据、传输数据。它类似现实世界的快递公司，连接着千千万万个节点，除了负责分发数据，还负责查找数据。它是一个大杂烩，综合了各种协议、框架，让它们一起和谐地工作。这也是为什么 IPFS 技术被众多区块链项目青睐的原因。该项目不仅可以供 IPFS 使用，也可以供其他项目使用，作为一个 P2P 工程的底层协议存在。

（2）IPLD

前面介绍过，区块链的密码体系都由哈希函数来完成。IPFS 进行内容寻址的技术已经开始应用于各种分布式系统。从密码货币的区块链到备份代码的每一次提交，再到各种 Web 内容，其背后的逻辑几乎是相同的，然而由于数据结构的不兼容，造成了这些数据无法互相操作。IPLD 定义了基于内容寻址的统一数据结构类型。它是一个转换器，可以把现有的异构的数据结构（基于内容寻址）统一成一种格式，方便不同系统之间的数据交换和互相操作。因此，IPLD 其实是一个转换中间件，它支持比特币、以太坊等区块数据结构。这也是 IPFS 能与区块链系统融合的原因。IPLD 不仅可以把不同的区块结构统一成一个标准进行传递，还为开发者提供了成功性比较高的标准，不用担心性能、稳定性和鲁棒性。

6.4.5 Filecoin

为了激励人们参与到 IPFS 协议中（经济上的激励），IPFS 借鉴了比特币的经济模型，开发出了基于 IPFS 的货币 Filecoin。IPFS 网络的参与者将通过 2 种挖矿方式获得 Filecoin。

（1）Host 为网络提供空闲的存储空间。

（2）Retriver 为网络中的节点提供带宽，帮其他用户传输文件。

IPFS 的众筹，即 Filecoin 已经在 2017 年 8 月月底完成。当时在 Coinlist 上一共募集了 2.5 亿美元。有四种参与的选项。

（1）6 个月不锁仓无优惠。

（2）12 个月锁仓优惠 7.5%。

（3）24 个月锁仓优惠 15%。

（4）36 个月锁仓优惠 20%。

最后其成交价格大约为 2.5USD/Filecoin。

目前有两种方式得到 Filecoin。

（1）目前在 Gate 和 LBank 上可以购买 Filecoin 期货。

（2）等待 IPFS 主网上线，利用你闲置的硬盘/带宽成为矿工。

6.4.6 IPFS 的应用

目前，很多区块链已经将 IPFS 作为基础，在其上开发了一些应用。本书简单进行了归类和整理，见表 6-1 所示。

表 6-1 IPFS 开发应用

名　称	说　明
Akasha	基于以太坊和 IPFS 的社交网络
Alexandria	去中心化的内容发布平台
Arbore	朋友之间的文件共享系统，类似于云盘
Dtube	利用 IPFS 作为存储的视频分享网站
Git-ipfs-rehost	可以把 GitHub 上的项目存储到 IPFS 上
Interplanetary Wiki	建立在 IPFS 上的 Wiki
Ipfs-search	基于 IFPS 的搜索引擎
Ipfs-share	基于 IFPS 的文件分享
Ipfs.pics	基于 IFPS 的图片分享网站
Orbit	基于 IFPS 的分布式聊天工具
Partyshare	一个简单的文件共享系统

续表

名　称	说　明
Computes.io	基于 IPFS 的分布式计算机，号称能把世界上的计算资源收集起来，构建一个巨大的分布式计算机
OpenBazaar	一个去中心化的淘宝，口号是“买卖自由/Buy and Sell Freely”，借助于 IPFS，打造一个离线商店
Ubuntu	著名的 Linux 发行版本 Ubuntu 正在计划把发行版本转移到 IPFS 上来，目前正在讨论方案

6.5 Hyperledger

超级账本（Hyperledger）是 Linux 基金会于 2015 年发起的推进区块链数字技术和交易验证的开源项目，加入成员包括：埃森哲、Airbus、美国运通、芝加哥商品交易所集团、戴姆勒、美国证券托管结算公司、富士通、日立、IBM、英特尔、摩根大通等金融、医疗、物联网及航空不同利益体。目标是让成员共同合作，共建开放平台，满足来自多个不同行业各种用户，并简化业务流程。协力打造开放式、标准化、企业级的分布式账本框架和代码库，成为跨行业的联盟链标准，实现虚拟和数字形式的价值交换。

IBM 贡献了数万行已有的 Open Block Chain 代码，Digital Asset 则贡献了企业和开发者相关资源，R3 贡献了新的金融交易架构，Intel 也贡献了跟分布式账本相关的代码。首届技术委员会主席由来自 IBM 开源技术部 CTO 的 Chris Ferris 担任，委员会主席则由来自 Digital Asset Holdings 的 CEO Blythe Masters 担任。另外，自 2016 年 5 月起，Apache 基金会创始人 Brian Behlendorf 担任超级账本项目的首位执行董事。

该项目的出现，实际上宣布区块链技术已经不单纯是一个开源技术了，已经正式被主流机构和市场认可。同时，Hyperledger 首次提出和实现的完备权限管理、创新的一致性算法和可插拔的框架，对于区块链相关技术和产业的发展都将产生深远的影响。

6.5.1 Hyperledger 项目

目前主要包括两大子项目：Fabric 和 Sawtooth Lake（中文名：锯齿湖）。

Fabric 是一个分布式账本平台方案，主要用于运行智能合约，利用可靠的技术以及可插拔方式实现各种商业应用场景的模块化架构，包括 Fabric 和 Fabric-API，它的目标是成为区块链的基础核心平台，支持 PBFT 等新的共识机制，支持权限管理，该项目最早由 IBM 和 DAH 发起。Fabric 的分布式账本协议由 Peer 节点运行，Fabric 包含两类节点类型。其一，验证节点是网络上负责运行共识的一组节点，他们负责验证交易以及维护分布式账本。其二，非验证节点作为将客户端（发出事务）连接到验证节点的代理。非验证节点不执行事务，但它可以验证它们。

Sawtooth Lake 是一个企业区块链平台，用于构建分布式账本应用程序和网络。设计理念是保持分类账分布并使智能合约安全，特别适用于企业。它是由 Intel 主要贡献和主导的区块链平台，支持全新的共识机制 Proof of Elapsed Time（POET）。

目前，所有项目均处于孵化状态。项目约定共同遵守的基本原则如下。

（1）重视模块化设计，包括交易、合同、一致性、身份、存储等技术场景。

（2）代码可读性，保障新功能和模块都可以很容易被添加和扩展。

（3）演化路线，随着需求的深入和更多的应用场景，不断增加和演化新的项目。

6.5.2 体系结构

图 6.6 展示了 Hyperledger 界面所参考的架构，包括四个大类：身份识别服务，策略服务，区块链和智能合约。这些分类都是逻辑结构，而不是将组件划分成独立的进程、地址空间或虚拟机的物理描述。

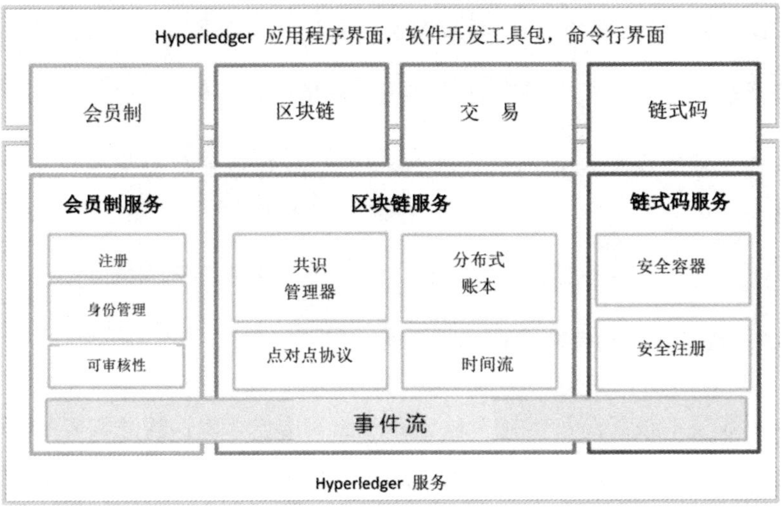

图 6.6 Hyperledger 的界面

身份识别服务负责管理诸如资产、智能合约这样的实体以及参与者和分类账对象的身份识别。（参与者通过注册获取身份，之后通过授权机构发放的密钥进行交易。）

策略服务负责管理访问控制、隐私、联盟规则、共识规则等。

区块链服务负责通过点对点通信协议管理分布式账本。经过优化的数据结构可以有效维护在参与者之间复制的整体状态信息。不同的共识算法或将嵌入到每一个配置中，以保证高度一致性（通过BTF算法处理错误，通过崩溃容忍机制处理延迟和中断，或借助工作量证明方案应对审查。）

智能合约服务负责提供安全又轻便的方式供智能合约在验证节点上运行。

6.5.3 超级账本的典型需求

接下来描述超级账本的典型需求。这里描述的典型需求满足了多种用例和商务情境，我们希望超级账本将来能够发展出更多的特性。

首先，超级账本最关键的需求是架构。正像我们反复强调的，不同的应用会对机密算法、一致性算法和数据库存储方式有着不同的需求。然而，基于架构细化一些更具体的需求，可以广泛应用于更多领域。

1．私下交易和保密合约

超级账本最终应该支持多种密码工具和方法，确保满足相应的密码和隐私管理需求。这些工具用于确保诸如身份识别、交易属性、智能合约状态等信息的真实性，同时不会侵犯信息的私密性。与那些金融领域的用例不同，某些用例（如物联网）需要性能优化的基本保密功能，其密码和共识算法需要兼顾基本的密码功能和复杂的定制需求。

2．身份识别和审计

不考虑私下交易和保密交易，超级账本使用基于PKI（公钥基础设施）的密码算法实现了交易中的身份识别和审计功能。

超级账本对用户和交易相关者除了单纯提供基于PKI的身份识别功

能，还应该支持这些访问和识别操作的归档功能，包括交易相关者之间的密码请求，以便实现对涉及所有权变更的相关用例进行基于文档的审计追踪。

除了主动进行身份识别，超级账本也允许用户在特定情况下隐藏身份识别操作，仅当需要的时候才提供证明。当然，这已经超出了传统的身份识别概念。此外，PKI 非常灵活，允许用户根据特定的需求选择不同强度的密码措施。

3. 互操作能力

在松耦合的网络中，独立的网络相互间不需要了解彼此的运行细节。然而，这样的独立网络也需要具备一定的共性，以实现彼此间正确的信息交换。尤其是对区块链技术的普及，应该考虑各种不同的区块链系统相互间的信息交换操作。各类区块链网络实现上的差异以及其演进和不断变化的特性会导致实现的高度专业化。制定专业的通信分类标准，创建在多种网络间通信的通用语言将是一项漫长而艰巨的工作。区块链技术在设计和实现上存在差异，当不同服务彼此间交互操作，互操作就产生了。超级账本定义可在两个或多个系统（组件）间进行信息交换，并使用交换的信息。为实现跨行业和跨用例的广泛应用，超级账本支持两个或多个区块链间进行信息交换的协议功能。

4. 可移植性

超级账本项目通过从其核心组件接口中提取的增值系统实现移植操作。例如，智能合约就可以不做任何变更而移植部署。可移植性的增值系统，如 API（应用程序编程接口）库、GUI（图形用户接口）开发应用、扩展库等，保证了超级账本的增值系统可以跨版本使用、实现和部署，同时也保证了超级账本项目的功能可以在异构环境下的大型区块链网络中得以实现。

6.6 BaaS

BaaS（区块链即服务，Blockchain as a Service）是指利用区块链产生的数据，提供基于区块链的搜索查询、任务提交等一系列操作服务。区块链是一种密码货币的所有交易的一个账本或名单，是比特币和其他密码货币的底层技术。对于区块链技术本身，它拥有无数应用，从银行服务到物联网。BaaS 专注的是产品过程，而不是技术过程，而且通常指公链服务。

举个类比例子，阿里云不是一个卖云计算技术的公司，而是一个卖云计算实例的公司。阿里云不会告诉客户如何搭建一个自己的云服务平台，而是阿里云直接构建好一堆拿来即用的实例，用户只需要为实例付费即可。同理，BaaS 将为用户提供基于比特币/以太坊等公链的实例服务，而不是提供如何再构建区块链系统的服务。在未来几年，预计各个公司都会开始充实并具体化他们的区块链解决方案。一些企业已经推出了他们的区块链即服务。

6.6.1 腾讯云区块链服务

腾讯云区块链服务 TBaaS（Tencent Blockchain as a Service），构建于金融云基础之上的一种结合区块链技术的云服务。TBaaS 平台系统不仅符合金融级别的安全合规性要求，同时还具备了腾讯云完备的能力，用户在弹性、开放的云平台上能够快速构建自己的 IT 基础设施和区块链服务。TBaaS 腾讯云区块链开放平台在支持 Hyperledger Fabric 区块链网络技术的同时，后续也将支持 BCOS、TrustSQL、Corda、EEA 等不同区块链底层技术，并打通周边技术生态，为用户基于区块链开发、测试、快速部署提供一整套企业级解决方案。图 6.7 为 TBaaS 基础设施架构。

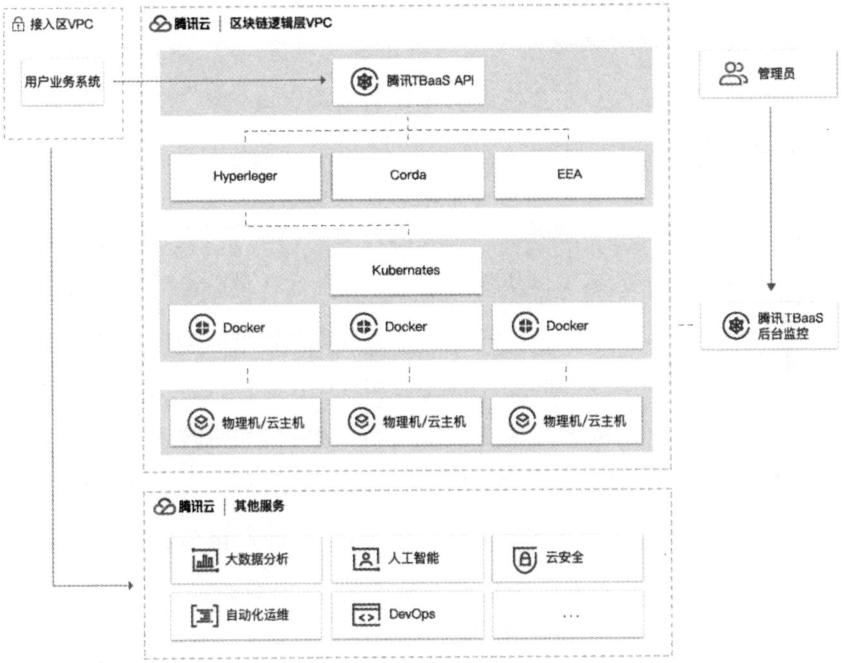

图 6.7　TBaaS 基础设施架构

6.6.2　亚马逊 AWS 区块链服务

回到 2016 年，亚马逊云计算业务——亚马逊网络服务（AWS）与投资公司数字货币集团（DCG）达成合作为企业提供一种区块链即服务试验环境。双方希望通过合作提供一种服务从而使 DCG 投资组合中的区块链供应商能够在一种安全的环境下与客户合作，这些客户包括金融机构、保险公司、企业技术公司。根据 AWS 全球金融服务业务开发主管 Scott Mullins 所说，AWS 正在与金融机构和区块链供应商合作刺激创新和推动无摩擦试验。

6.6.3 R3 Corda 区块链服务

R3 意识到分布式账本技术的力量在于其网络效应，R3 因此就与这个行业合作建立了最大行业合作组织（100 多家金融机构成员）——然后推出了 Corda 平台。

R3 Corda 是一个为金融行业打造的专业分布式账本平台，为企业提供了 API 和代码用于创建类区块链的应用，并且旨在现有全球金融市场中创建更多高效性。凭借 Corda，参与者能够无须中央机构的参与就能进行交易，创建了一种无摩擦的商业世界。Corda 代表着银行、保险商、基金经理和其他参与者之间的最大共享合作，共同研究区块链技术在金融市场的应用。根据 Coindesk 报道，日本金融巨头瑞穗金融集团打算使用 Corda 来“实现信用证和提单发票等文件的数字化”，他们认为这个流程能够减少欺诈，增加透明性并且加强摆脱对纸质记录的依赖。

最近，R3 发布了 Corda 1.0 版本，这是 R3 联盟两年的成果，超过一半的联盟成员为代码做出了贡献。2017 年 5 月份，押注分布式账本技术的大型金融机构宣布为 R3 区块链联盟提供 1.07 亿美元资金，用于全球技术发展以及将 Corda 企业版带给全球机构。

6.6.4 IBM-BaaS

2017 年 4 月 IBM 宣布发布自己的区块链即服务（BaaS，Blockchain as a Service）。该服务基于 Linux 基金会的 Hyperledger Fabric 1.0 版本，运行在经 LinuxONE 加固的 IBM 高度安全网络（High Security Network）上。鉴于 Hyperledger 是一个开源平台，IBM 正寻求对期望采用区块链技术的

企业提供增值服务。IBM 将其所提供的服务定位为：帮助开发人员在 IBM Cloud 上创建、部署和管理区块链网络。IBM 的业务模型：将提供一个基于 BaaS 的模型，以此提供一种付费服务，并通过 IBM Cloud 实现对消费的计费，为客户提供了最具企业级别的云服务。

IBM 认为通过在高度安全网络中对区块链实例配置服务，可使监管环境易于被采纳。高度安全网络中包括了如下的安全特性。

- 防范内部攻击：有助于对网络中接入点的防护，尽量解决来自内部具有系统管理资质人员的威胁。
- 具备业界最高认证等级的业务系统隔离：对于政府、金融服务和医疗保健等受高度监管的行业而言，具有评估保证等级（EAL，Evaluation Assurance Level）5 级以上的 EAL 认证是十分必要的，这可以防止在各组织环境之间的信息泄露。
- 安全服务容器：有助于保护整个区块链应用的代码。它可将区块链有效地封装为一个虚拟应用，拒绝即便是具有权限用户的访问。
- 篡改响应（Tamper-responsive）硬件安全模块：保护存储密钥的密码数据。这些模块使用了 FIPS 140-2 Level 4 认证，这是密码模块可用的最高级别安全认证。
- 高度可审计的操作环境：支持取证、审计和合规的全面日志数据。

IBM 所聚焦的产业涉及了供应链、政府、医疗健康和金融服务等。SecureKey Technologies 是一个在 IBM 区块链解决方案上构建公司平台的客户，它提供了实体间数字身份的共享。SecureKey Technologies 看到银行业对区块链技术非常感兴趣。它与 Royal Bank、TD Bank、BMO 和 Scotia Bank 等加拿大银行共同测试了以共享身份为重点的第一阶段网络，允许客户通过一个区域或是信贷机构分享个人的数据属性，就可以在银行仅用数秒时间就开立一个银行账户。

6.6.5 微软 Azure 区块链服务与 Coco 平台

微软 Azure 的区块链即服务声称，通过试验新的业务流程为组织机构提供了一种速度快、成本低、风险低和快速迭代的平台，它由一个拥有行业内最大的合规投资组合的云平台提供支持。作为一种开放、灵活且可扩展的平台，微软 Azure 声称支持了越来越多的分布式账本技术，解决了在安全性、性能和运营流程方面的特殊业务和技术需求。

Azure 还提供智能服务，如 Cortana Intelligence，能够提供不同于任何其他平台产品的独特数据管理和分析能力。微软也是密码货币与合约倡议的成员（IC3）。通过这个成员关系，微软推动企业级区块链已准备就绪，并与 IC3 团队在密码学、博弈论、分布式系统、编程语言和系统的安全性方面进行合作。

2017 年 8 月微软在纽约发布了企业级开源区块链基础平台 Coco Framework（Confidential Consortium Blockchain Framework），旨在一键解决企业区块链面临的三大挑战，让使用分布式账本构建企业网络变得更为简便。该框架基于现有区块链平台（如以太坊），主要是为了改进网络吞吐率、提供全新机密模型、网络策略管理等功能，并可支持不确定性事务的处理。

Coco Framework 旨在加快交易速度和简化管理流程，将和许多人气开源区块链及分布式账本进行整合，包括 Ethereum、的 Corda、Hyperledger Sawtooth 以及 JPMorgan 的 Quorum 。

除了与基于 Microsoft 软件的执行环境相容以外，Coco Framework 还可以与基于 Intel 硬件的软件保护扩展(SGXs)兼容。尽管 Coco 由 Microsoft Azure 云计算提供支持，但开源后将可以在任何云平台或现场运行。随着越来越多的公司希望将这些开源技术转化为企业级的解决方案，Coco 将加速上市并简化管理，项目计划于 2018 年在 GitHub 上正式发布，为开源社区做出贡献。

7

密码共识在金融保险领域的应用

密码共识机制适合于大规模的经济活动，而在大规模经济活动中，资金流动最大，最容易利用经济激励实现落地的领域，首先是金融、证券、保险等领域。

7.1 跨境支付与结算

7.1.1 当前银行国际结算业务痛点

银行现阶段在国际业务中主要提供汇付、托收和信用证三种结算方式。以常规的汇付业务看，主要流程如图 7.1 所示。

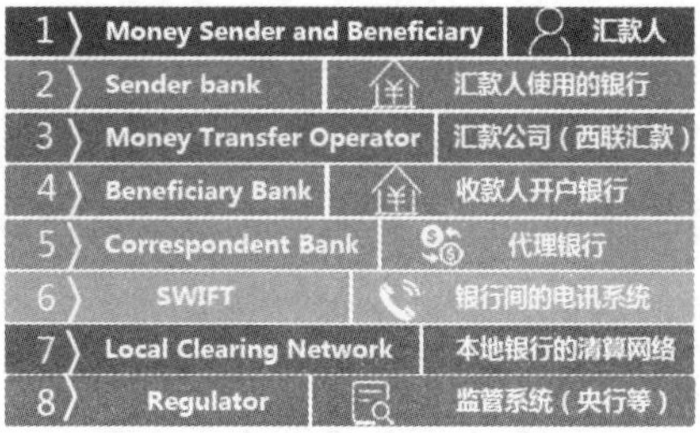

图 7.1 传统跨境支付流程图

传统跨境汇款的主要问题在于整个流程涉及多个国家多个金融机构的中介，带来较大的成本和风险，总体效率较低。具体痛点包括如下。

(1) 汇款周期长：由于需要经过多个银行机构的中介，汇款周期一般要两三天以上，在途资金占用大。

(2) 汇兑成本高：经过多个中介环节实现的跨境支付和结算，需要为各个中介环节支付费用，总体费用很高。

(3) 信用风险大：由于受传统信用载体限制，加之中间环节较多，国际汇兑容易产生欺诈等信用风险。

（4）汇率波动大：由于在途时间长，汇兑期间汇率的波动带来的风险较大，影响收付双方的正常经营。

针对传统国际结算的痛点问题，密码共识机制提供了几种新的解决方案。

7.1.2 基于去中心化密码货币的跨境汇兑方案

去中心化密码货币可摒弃中转银行的角色，实现点到点快速且成本低廉的跨境支付。通过区块链的平台，不但可以绕过中转银行，减少中转费用，还因为区块链安全、透明、低风险的特性，提高了跨境汇款的安全性，以及加快结算与清算速度，大大提高资金利用率。可以全天候支付、实时到账、提现简便且没有隐形成本，也有助于降低跨境电商资金风险并满足跨境电商对支付清算服务的及时性、便捷性需求。

根据麦肯锡的测算，从全球范围看，区块链技术在 B2B 跨境支付与结算业务中的应用将可使每笔交易成本从约 26 美元下降到 15 美元，其中约 75%为中转银行的支付网络维护费用，25%为合规、差错调查，以及外汇汇兑成本。

Circle Internet Financial（以下称 Circle）创办于 2013 年，总部位于美国波士顿。Circle 业务曾涉及数字货币交易、存储及支付等，2016 年 12 月份 Circle 宣布其不再为消费者提供直接的比特币交易服务，业务重心转向基于以太坊支付网络的跨境支付领域。并且其旗下子公司 CENTRE 正在筹划推出 CENT 代币，目前已通过未来代币简单协议（SAFT）销售募集到 2000 万美元资金。在跨境支付过程中，代币 CENT 将成为主要的桥梁币种。

Circle 的商业逻辑就是借助于比特币实现跨境支付，其流程如图 7.2 所示。基于 Circle 的跨境汇款几乎没有时滞，此外用户也无须支付任何手续费或外汇加价费。区块链技术极大地加快了价值传输速度、降低了价值传输成本。

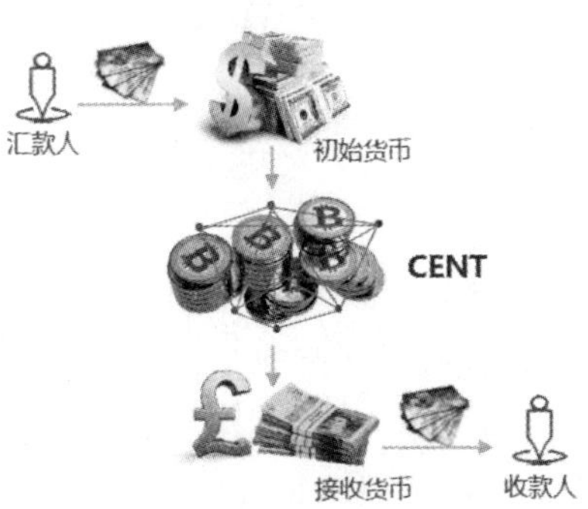

图 7.2 Circle 基于区块链技术跨境支付流程图

在安全方面，Circle 采用 AES 128 位对称密码技术进行加密，每层都有单独的存储机制。并且，全程在 FDIC 保险范围内作业，用户还可自行采用其他安全措施，例如触摸 ID 和 PIN 码等。目前，Circle 已支持美元、英镑的兑换及服务。在中国市场，Circle 的 D 轮融资顺利引入了 IDG、百度、中金、光大、宜信、万向等中国财团，同时成立了世可中国（Circle China），或可期待使用美元、英镑和人民币的消费者无障碍连通时代的到来。

Circle 在 2016 年获得英国政府颁发的首张电子货币牌照，允许 Circle 客户在美元与英镑之间进行即时转账。考虑到该电子货币牌照在整个欧盟都有效，预计很快欧元也会加入。除了上述两家金融科技公司，Chain，Ethereum，IBM，Microsoft 等公司也都在利用区块链技术发展跨境支付与结算的技术。预计在不久的将来，金融体系现有的传统交易模式将被高效能、高安全性及成低本的颠覆性技术所替代。

7.1.3 基于联盟链的跨境结算方案

联盟链相对于公链而言，类似比特币的区块链被称为公有链（Public Blockchains），其特征是任何人都可以读、写、存、开发的区块链，完全去中心化。联盟链（Consortium Blockchains）则只有一些组织或个人有权读、写、存、开发的区块链，这种组织模式是部分去中心化的，如 R3。

相对于公有链，联盟链适用于企业之间的某种联合，这样能够避免系统内容和决策暴露在公众视野下，同时又能减少企业之间的摩擦。对于跨境结算而言，能够减少大型银行之间的结算成本，提高结算效率。

用联盟链构造跨境支付的方式还在探索中，一种可能的商业逻辑是在密码共识系统中存在三类方式：轻量节点、全节点和矿工节点。分别对应三种类型的参与者：交易方、监管机构和银行。三种不同类型的节点对应的权利义务有所不同。

轻量节点是业务体系中最主要的使用者，在整个体系运行过程中提出交易且只保留与自身交易相关的数据信息。

全节点作为业务体系中的监管者，数量远小于轻量节点。这类节点保留有完整的区块链交易数据，用于对跨国贸易的监督管理。

矿工节点作为整个体系中的核心节点，是整个体系的建立者和维护者。在业务体系中，矿工节点主要负责验证交易的真实性，将交易打包成区块，验证通过后链接到主链并提供交易过程中所需的服务。

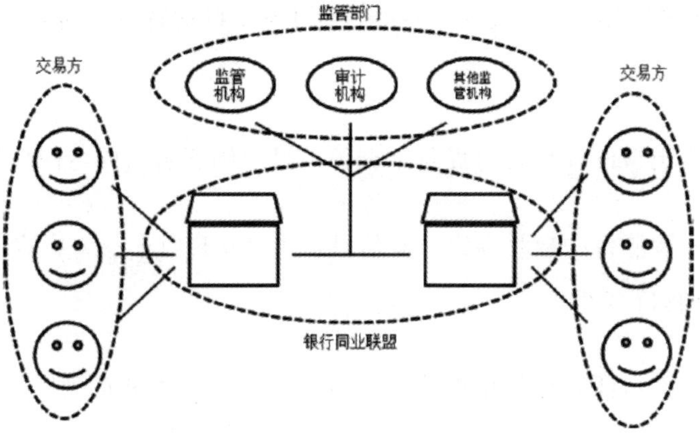

图 7.3 联盟链跨境支付的主体结构

银行基于区块链技术建立的国际结算业务体系不是简单地将区块链技术应用到现行的国际结算业务上，而是使两者进行有机结合，以国际结算业务为基础，将银行的业务经营范围向前延伸，构建基于区块链技术的国际贸易新模式并设计合理有序的运行流程（参见图 7.3 联盟链跨境支付的主体结构和图 7.4 联盟链跨境支付的业务流程）。

（1）进口商在前端填写贸易信息，数字签名后向全网广播。

（2）出口商接收信息确认无误后，签名确认并向全网广播。

（3）进口商代理银行对交易信息确认无误后，将信息放入交易池并生成智能合约。其他银行节点对交易信息确认无误后，将信息放入交易池用于之后的区块验证。

（4）进口商代理银行在接收到固定数目交易后，将这些交易信息打包成区块，链接到主链上，向全网广播，由其他银行节点对区块进行验证。

(5) 区块连接到主链后，智能合约生效，自动将货款转入备付金账户，锁定货款。

(6) 出口商发货，将提货单据等信息密码签名后向全网广播。

(7) 智能合约接收到出口商信息后，自动执行命令，将货款支付给出口商代理银行。

(8) 进口商凭提货单据等电子信息提货，交易完成。

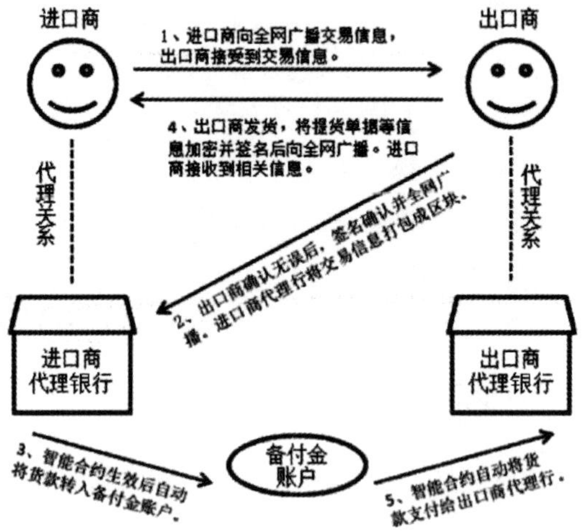

图 7.4　联盟链跨境支付的业务流程

7.1.4　基于中心化密码货币的跨境结算方案

Ripple 的跨账本协议可以帮助银行间快速结算。成立于美国的 Ripple 为一家利用类似区块链概念发展跨境结算的金融科技公司，它构建了一个没有中央节点的分布式支付网络，希望提供一个能取代 SWIFT（环球同业银行金融电讯协会）网络的跨境转账平台，打造全球统一的网络金融传输协议。Ripple 的跨账本协议（Inter Ledger Protocol）是让参与协议的各方都能看到同样的一本账本的协议。通过该公司的网络，银行客户可以实现实时的点对点跨国转账，不需中心组织管理，且支持各国不同货币。如果Ripple协议成为金融体系的标准协议，在网络中的各方都能任意转账货币，支付就会像收发电子邮件一样快捷、便宜，最重要的是没有所谓的跨行异地以及跨国支付费用。目前 Ripple 已和全球 100 家银行及金融机构合作，共同参与 Ripple 为金融机构打造的解决方案。

7.2 保险

近年来，大数据、人工智能、移动互联网、物联网等前沿科技已经应用到保险领域，对产品创新、保险营销和公司内部管理等方面产生了显著影响，促进了保险创新业务快速发展。以去中心化、去中介化为特点的密码共识机制（区块链技术）引入保险行业将会带来重大变革。

7.2.1 密码共识机制解决保险业难题

密码共识机制一方面通过密码技术使个人身份与授权能够脱离中介而实现，大幅降低了身份验证和风险防范成本，提高了业务效率，另一方面通过共识机制显著提高了各方信任，减少了信息不对称和道德风险，十分适合于保险业务的创新与重构。保险业由于涉及人群规模大、分散，业务主要以资金为主，资金流动量大，也十分适合于密码共识机制的落地应用，是区块链落地的典型场景。

目前，中国保险业正处于转型发展的关键节点。在发展过程中，行业面临着风险定价、渠道费用、理赔效率、反欺诈等问题，密码共识机制有助于解决或缓解这些难题。

（1）解决风险定价难问题

对于各种保险产品的风险定价一直是保险业的难点问题。信息不充分、不对称，以及由此带来的道德风险使风险难以准确评估。采用密码共识机制能够借助去中心化和开放共享的特点，加强信息透明度，提高信息质量，重构信用体系，实现真正的差别定价。

（2）解决渠道费用居高问题

目前，保险业务中宣传费用、中介手续费、业务员激励、客户补贴等渠道费用过高，严重挤压保险企业利润空间。密码共识机制可以简化销售流程，节省销售成本。意愿投保人通过渠道购买保单，渠道商将投保人信息统一发送到区块链平台，省去了以往人工传送、受理、审核、反馈等烦冗的流程。从监管角度讲，区块链技术可以实现保险销售行为的可追溯监管，从而规范保险销售行为，维护消费者合法权益，促进行业持续健康稳定发展。

（3）解决理赔难题提高客户体验

信息不对称和道德风险使得保险企业在理赔问题上格外谨慎，不得不采取严格繁杂的理赔程序，这大大降低了客户体验。密码共识机制与智能合约的应用将简化保单理赔处理流程，提高效率，降低成本。在索偿提交程序中，不再需要保险代理人介入，将极大缩短处理周期。理赔效率的提升也将进一步保障保险用户的权益，提升客户体验和满意度。

（4）解决保险欺诈问题

骗保欺诈是保险企业普遍面临的难题，严格的反欺诈措施带来高成本、低效率和用户体验的下降。密码共识机制可以通过多种途径提高反欺诈效率。通过密码技术实现的身份识别可降低身份验证环节的欺诈风险，分布式账本记录经济活动的不可篡改性加大骗保难度和提高骗保代价，共识机制可以使得多家保险企业能够更加有效地共享反欺诈信息，提高整体反欺诈效率。

7.2.2 阳光保险的“飞常惠航空意外险”

2017 年 8 月，阳光保险借由布比公司区块链的技术支持，联合区块链数字资产管理平台比邻共赢的“数贝荷包”推出了区块链“飞常惠航空意外险”微信保险卡单。这是国内第一个主流金融资产放在区块链上流通的案例，是区块链行业和保险行业联合的标杆事件。

这款针对高频乘机用户的保险产品保险费 60 元，可以使用 20 次，当事人身故可以获得高达 200 万元的赔偿。

对于普通消费者而言，区块链航空意外险卡单相较普通的航空意外险卡单有以下三个常见的优点。

（1）多方数据共享，确保保单真实性

航空意外险因为不易被拆穿（只要飞机没有发生意外，就不会有理赔，即使客户买到假保险也不会被发现），一直是保险造假的“重灾区”。借助区块链技术多方数据共享的特点，可以追溯卡单从源头到客户流转的全过程，参与方不仅能查验到卡单的真伪，确保卡单的真实性和唯一性，还能方便后续理赔等流程。

（2）去除中间商环节，售价更便宜

此前航空意外险大多通过航空公司等渠道商进行售卖，原本成本才几元的航空意外险卡单经过渠道商的“加价”，抵达消费者手里时，常常被卖到几十元的价格。而现在，阳光保险的航空意外险卡单被放到布比区块链上，没有中间商的“差价”，卡单价格自然也会回落。

（3）保单自由流通，使用率更高

传统保险卡是一种类似于电话充值卡的塑料卡片，客户获得保险卡后，刮开卡背面的密码，打开保险公司网页登记保险卡的账号、密码进行激活，随后填写投保信息，操作步骤烦琐冗长。而这种新型微信保险卡单只需要在微信端输入被保人和航班信息，就能立即获得保障，整个投保过程不到 1 分钟。实物保险卡在保存、赠送和转让时亦有诸多不便，而微信保险卡完全没有这些问题。赠送者可以随时随地在微信端发红包将航空意外险赠送给即将出行的亲友和客户。导游可发红包至微信群让旅行团成员们即刻投保，业务员可发红包让客户迅速体验保险产品。

7.2.3 泰康保险基于超级账本的积分管理平台

2017 年 3 月，泰康保险集团基于超级账本 Fabric 架构的企业级区块链，成功打造出积分管理平台，为旗下泰康在线提供的积分应用，可为其 50 万积分用户提供积分在线交易服务。

基于区块链技术的积分管理平台既有开源优势，又具备出色的可用性和安全性。泰康积分管理平台可以提供以客户为中心的积分管理视图，从而在根本上改善用户体验。

依托集团平台，泰康各子公司能够建立各自的积分应用，同时分别拥有一个专属的记账节点，在获得更多积分兑换、交易场所的同时，也能够保留自己的全部积分和用户信息。

区块链的哈希密码和防篡改功能，也为积分信息、用户信息的安全提供了更高级别的保障。用户还可以通过积分平台跳转到京东等多个在线兑换平台，直接用积分兑换电子货币，省去了泰康保险集团与第三方兑换平台的对账环节，使业务流程得到有效简化，进一步提升了客户的使用体验。

随着区块链技术的不断成熟，泰康保险集团计划将区块链技术尝试应用于泰康大健康生态内更多的场景建设，包括健康管理、互助保险、供应链金融，黑名单共享等。

7.2.4 安盛保险基于以太坊的自动理赔航空意外险 Fizzy

2018 年 2 月法国保险巨头安盛集团（AXA）基于以太坊公链技术，推出了为航班延误旅客提供自动赔偿的保险产品 Fizzy。Fizzy 使用以太坊技术记录保险产品的购买，扫描延误航班数据源，并通过区块链上的智能合约触发自动赔付，当航班延误超过两个小时，以太坊智能合约便直接、自动赔偿延误旅客。此外，智能合约与全球空中交通数据库连接以不断监控飞行数据。

以太坊的区块链在这里扮演了两个关键角色。它在一份智能合同中保留了保险合同本身的可访问记录，并作为一种机制，一旦两个小时的标记通过，就会触发支付给客户。

7.2.5 中国人寿等 7 家保险公司区块链应用

1. 中国人寿：合作试水区块链保险

2017 年 1 月，中国人寿与蚂蚁金服公益保险平台合作，运用区块链技术，尝试信息全公开。旗下中国人保是聚焦养殖和营销管理平台的业务。2017 年 3 月，中国人保已落地两个应用，分别是基于区块链的养殖保险服务平台和基于区块链的营销管理平台人保 V 盟。前者将养殖保险、农业金融、食品溯源贯穿起来，构建起基于区块链的养殖业溯源体系和产业链服务平台。后者依托区块链技术，从营销人员和客户两个维度出发，构建围绕保险营销的数字资产管理平台，致力于打造全新的营销管理模式和客户关系管理模式。

2. 平安保险：推出 BaaS 平台

平安在 BaaS 平台上的解决方案可解决数据同步中的分布式系统中数据同步的问题和数据放在共享的分布式数据平台上的安全问题。平安 BaaS 平台具备五大技术优势，一是拥有先进的密码协议、保护协议方案；二是提供了全球首创的区块链授权式加解密共享方案；三是平台本身的高性能的底层框架；四是多种配置、多种节点；五是实用化的架构设计。

3. 安华保险：研发航空延误险

安华保险与数贝荷包签署合作协议，研发嵌套了区块链技术的航空延误险。

4. 易安保险：成立区块链保险实验室

易安保险在北京五道口参与发起成立了“区块链保险实验室”，与易安保险、慕尼黑再保险、宜信保险服务、千方集团、新发展资本等机构一起积极探索区块链技术在保险领域的应用前景。

5. 宜信：推出私有区块链平台

2017 年 3 月，宜信推出 Block Worm，这是基于以太坊，经修改代码后搭建的私有区块链系统，可以提供多种形式的基于智能合约的服务。Block Worm 系统上的第一个应用被命名为 Credit Storage，它提供可信存储服务，对业务提供 HTTP 形式的 API。其下的供应链台账应用将首先被宜信运用于互联网企业的金融服务。此外，宜信旗下互联网企业级金融服务——翼启云服已完成宜信区块链实验室的第一落地项目，与钢铁电商平台大大买钢网完成区块链系统对接。

6. 信美相互保险社：利用区块链技术降低成本

2017 年 5 月 26 日，信美相互保险社正式开业并签发了首批保单，通过整体技术布局使用区块链，包括生物识别相关技术增加会员对信美相互的信任感。区块链技术可以降低管理成本，同时用不可篡改的方式实现真正的阳光普信。其核心系统架设在阿里金融云之上后，信美的技术运营成本相对传统新机构可以降低 80%左右，每年花在信息系统上的费用只需要传统保险公司的五分之一到十分之一。

7. 上海保交所：通过区块链交易技术验证

2017 年 3 月上海保交所则联合 9 家保险机构成功通过区块链数据交易技术验证。探讨在数据交易、保账单以及保险和数字保单这几个领域如何应用区块链技术。

7.3 供应链金融

供应链金融，就是从特定商品的供应链出发，寻找该领域的核心企业并为其上下游企业提供金融支持的一种融资模式。即将资金作为整个供应链的溶剂，增加整个供应链的流动性。2017 年中国供应链金融市场规模为 13 万亿元，这个数字预计在 2020 年将增长至 15 万亿元。

7.3.1 供应链金融的产业特征

供应链金融参与方主要为核心企业、中小企业、金融机构和第三方支持服务。其中在供应链链条上下游中拥有较强议价能力的一方称为核心企业，供应链金融上下游的融资服务通常围绕核心企业展开。

通过供应链金融，金融机构将资金有效注入相处于弱势的上下游配套中小企业，解决中小企业融资难和供应链失衡的问题。同时将银行信用融入上下企业的购销行为，增强其商业信用，促进中小企业与核心企业建立长期战略协同关系，从而提升供应链整体的活力。

供应链金融的主要融资模式有应收类融资、预付类融资、存货类融资和综合类融资。其中，提供融资服务的主体包括银行、龙头企业、供应链公司及服务商、B2B 平台等多方参与者。

在供应链中，物流、资金流、信息流和商流是“四流合一”的，商流、信息流和资金流的结合将显著加强供应链上下游企业之间的物流。因而物流、资金流、信息流和商流的准确性、即时性和可靠性在供应链金融中十分重要。

7.3.2 供应链金融的商业痛点

尽管供应链金融发展速度很快，但仍然面临一些长期存在，难以解决的痛点问题，对其长期发展形成了制约。主要问题在于中心化和信息不对称。

1. 对核心企业的依赖度高

核心企业通常对上下游供应商、经销商在定价、账期等方面要求苛刻，供应链中的中小企业常出现资金紧张、周转困难等情况，导致供应链效率大幅度降低甚至停止转运。中小企业融资难、融资贵、成本高。

然而，在供应链金融生态中，不管是银行还是上下游企业都对核心企业有极强的依附性。供应链系统里的核心企业就是一个中心，整个供应链金融能否良好运行严重依赖于这个中心。供应链上下游企业需要与核心企业有直接的贸易往来，建立长期稳定的联系，才能在一定程度上作为核心企业商业信用的衍生品来获得银行的资金支持。而银行不仅需要通过核心企业来完成对上下游企业的征信审核，还需要核心企业来降低银行自身在这个过程中的违约风险。

2. 信息不对称问题严重

在供应链运行过程中，物流信息、交易信息、资金信息和信息流信息等分散保留在企业内部。同时，核心企业系统交易本身信息的真实性难以验证，资金端风险控制成本居高不下。参与各方的信息相互割裂，缺乏技术手段将供应链生态中的信息流、商流、物流和资金流打通，信息无法共享导致信任传导困难、流程手续复杂、增信成本高昂。

整个供应链金融中，核心企业能符合银行单独授信的标准，但是其不能确保供应链上的上下游信息尤其是交易信息、采购信息全部真实。供应链金融整合商流、物流和资金流，如果线上的商流和线下的物流的各项信息不能实现全程透明即时，银行对押品的控货权产生风险疑虑，就会制约供应链金融的发展。

目前，全国征信系统尚不完善，企业信息不对称现象难以有效解决，尤其是在供应链上，中小微企业的信息不对称让银行不能直接对其授信。为降低授信风险，确保企业还款能力，银行职能依托核心企业的信用对其上游供应商和下游经销商进行授信。

在授信过程中，银行需要核心企业的配合，并且授信对象也局限于核心企业的一级供应商或一级经销商（即与核心企业直接签约的供应商和经销商），二级以上的供应商和经销商，则因为没有与核心企业有直接的采购或销售合约，银行无法提供资金支持。

7.3.3 密码共识解决供应链金融痛点的逻辑

密码共识机制适合于用去中心化的方式在大规模的经济活动中消除信任问题，低成本、高效率地把经济活动组织起来，这恰恰解决了供应链金融依赖中心和信息不对称的痛点。

1. 数字身份与密码授权——建立密码共识供应链金融的基础

密码共识机制首先通过非对称密码技术，以更便捷的方式为供应链上多个层次的企业主体提供数字身份，并且使他们能够通过自己掌握私钥进行授权操作，减少了对中心化企业的依赖，缩减了商业欺诈的操作空间，提高了数字身份和授权的可靠性与低成本，为整个供应链金融体系的改进奠定基础。

2. 企业信息上链——解决授信对象问题

区块链技术能非常便利地将时间戳和分布式账本与企业的资金信息、交易信息等一起打包存储在链上，并且它可以实现多点进入，即所有供应链企业都可以将相关的信息都记录在链上，从而提供了不可篡改的企业信息记录。在需要时，银行只需要在链上查找企业信息，对企业进行信用审核，实现多级信用穿透，解决征信问题。

3. 区块链分布式账本——解决信息不对称问题

区块链分布式账本结构记账，实现信息流、资金流和物流的统一，解决了信息不对称问题。信息流和资金流同时传递，授权即可共享，降低信任成本。尤其是区块链不可篡改的特性可以完整记录整个供应链运行过程中的所有变化信息，有利于实现交易信息的透明化。

在供应链运行过程中，商品所处的阶段和交易环节区块链均可记录上链，并追溯其流转全过程，包括最源头的商品信息。只要通过授权，参与方都可以共享信息。具体而言就是核心企业能够对整个票据的真实有效性进行核对和确认，进而证明债券凭证流转的真实有效性，保证债权凭证本身不能造假，实现信用打通，进而解决二级供应商的授信融资困境。

区块链记录的任何信息都是公开、透明、可追溯、无法篡改的，保证了全程信息的透明性，资金端就可以根据交易信息和货物信息给相应的企业及时提供资金支持。

7.3.4 密码共识在供应链金融中的应用案例

1. 腾讯区块链+供应链解决方案

腾讯通过区块链+供应链金融解决方案致力于连接核心企业资产端及金融机构资金端，以源自核心企业的应收账款为底层资产，通过腾讯区块链技术实现债权凭证的转让拆分。其中，在原始资产登记上链时，通过对供应商的应收账款进行审核校验与确权，确认贸易关系真实有效，以保证上链资产的真实可信。

债券凭证可给予供应链条进行层层拆分，每层流转均可完整追溯登记上链的原始资产，以实现核心企业对多级供应商的信用穿透。此外，平台还与多家金融机构进行合作，提升资金配置效率、支持小微企业基于供应链进行融资，降低融资成本，支持实体经济。

2. 易见供应链管理

易见供应链管理股份有限公司基于 Hyperledger Fabric 研发的区块链供应金融服务系统“易见区块”平台真实刻画贸易双方的交易背景，为金融机构提供贷前预审及贷后管理的辅助功能。

供应商在平台上发起融资需求，金融机构响应，核心企业确权，由易见区块提供平台服务，金融机构为供应商提供融资服务。有效扩大金融机构低风险资金的投放，提升供应商的资金周转率，降低融资成本，优化核心企业采购环境。

区块链技术还可被用于金融信息安全领域。在传统情况下，ABS 的底层资产时刻可能发生变化，但所有企业不可能无条件开放数据给其他人随时观看。易见区块链保障了七层资产证券化后数据调用的安全问题，平台允许有限的投资人通过 API 接口实时查看数据，并对他们的查看时间和频率进行记录，保证信息安全。

此外，易见区块利用区块链技术保障了金融仓储的在线回购业务资金的安全性，使售出和回购流程都可以在线完成，并保证有审计回查空间。截至 2018 年 3 月 31 日，易见区块链系统已有 150 户企业用户，在线投放金额 21 亿元，涉及医药、化工、制造、大宗、物流、航空等多个领域。

3. 金融壹账通

2018 年 2 月 6 日，金融壹账通推出区块链方案“壹账链”，覆盖交易额超 12 万亿元，注册金融机构 800 余家，壹企银融资平台接入中小企业节点数近 17000 个。

该方案借助全球首创的密码信息可授权式解密共享技术，可支持国密算法的异地快速一键部署。不仅能降低中小银行和金融机构获得高性能区块链底层设计服务的成本，也为监管部门创造了透明、高效的监管环境。

在供应链金融场景方面，平安银行开发了核心企业应收账款确权、流转、融资、到期支付的全流程信息。利用区块链技术去鉴别供应链中的资产，实现资产信息链内公示并可追溯，不可篡改、不可删除。

4．浙商银行

2017 年 6 月，浙商银行基于趣链科技底层区块链平台 Hyperchain 开发的“应收款链平台”上线。该平台是利用区块链技术将企业应收账款转化为在线支付和融资工具，帮助企业去杠杆、降成本的一款创新金融科技产品。专门用于办理企业应收账款的签发、承兑、保兑、支付、转让、质押和兑付等业务。截至 2018 年 5 月，已有 600 多家企业入驻该平台，为其提供便利的支付和融资渠道。

5．布比区块链：壹诺金融

布比区块链旗下壹诺金融致力于打造“供应链+区块链=产业链”的生态网络。壹诺金融通过“区块链+供应链=产业链”的生态网络，帮助核心企业利用科技手段加速产业金融布局，形成差异化竞争。通过区块链技术打破信息不对称，加速信用传递，为各个环节供应商带来融资的可行性和便利性。金融科技机构依托区块链技术服务核心企业的多级供应商，盘活存量客户，扩大服务范围，促进信用传递，形成风控闭环，服务多级风险等同于服务核心企业。

8

密码共识在信息存证领域的应用

信息存证是密码共识机制除金融领域之外，应用最为广泛的领域。因为密码共识机制本质上解决的就是大规模经济活动中信息的产生、授权、流转、验证等，可以通俗地理解为“人的防伪”问题，涉及经济生活的方方面面。

密码共识机制在信息存证领域的应用主要有三种机制。

(1) 非对称密码技术能够在分布式系统中用公钥确定个人身份，并且利用私钥，在不借助第三方的情况下，确认身份并进行信息授权或签名，这使得信息的产生和流通能够更加高效、可信、低成本。

(2) 借助分布式账本和区块链技术，将签名认证后的信息发布在区块链上，成为公共见证、难以篡改的信息，提高了信息的公信力。

(3) 借助非对称密码技术，可以用公钥对信息进行加密，然后用私钥进行解密，从而让在点对点网络和区块链上公开传播的信息，只有被授权的主体能够有效识别。

在不同的经济领域，这三种机制采用不同的方式组合，借助密码共识的内生激励机制能够构建起各种信息存证系统。下面主要介绍三种应用。

8.1 身份认证

我们经常会遇到这样一个问题，当被问到“你是谁”时，我们就得想方设法地去证明“我是谁”。有时候太过麻烦，身份证不行，户口本不行，非要本人证明，但是在本人已经无法证明的时候，那么怎么办？使用区块链技术，将身份信息登记在区块链上，授予需要的人权利，可查看某个人的信息，而由于区块链技术是不可修改的数据，就防止了有人用假造身份去做不法之事。

密码共识机制主要通过公钥与私钥的非对称关系，把公钥公开到分布式共识中，以私钥确认身份。不过，公私钥与现实的主体相对应还需要借助于其他环节或其他技术设施，比如 KYC、生物识别设备等。目前，已经有了一些这方面的应用。

8.1.1 生物识别技术+区块链：提高身份识别准确度

生物识别技术可以提高个人身份认证的准确度，但其中心化的信息存储方式可能会造成信息被篡改。如果把采集到的信息通过区块链进行信息存储，个人认证的准确性将进一步提升。

ShoCard 是由美国的 Armin Ebrahimi 于 2015 年 3 月创建的一个基于区块链验证移动数字身份的项目，它融合了生物识别技术和区块链技术，把证件信息加密后保存在用户本地，把数据指纹保存到区块链，再通过私钥进行数字身份认证。

ShoCard 是一种保护消费者隐私的数字身份证明，如驾驶执照一样很容易理解和使用。它对移动设备进行了优化，非常安全，银行可以依靠它。ShoCard 项目的移动 ID 使用密码和比特币公有账本的不可更改性来进行实时验证。Ebrahimi 将 Shocard 视为一种方式，人们可用其及时并准确地核实自己的保险事故、电子商务供应商、银行和任何第三方机构等。

8.1.2 大数据+区块链：扩大身份认证范围

通过大数据将个人的公共信息进行分类记录，如生物信息（姓名、性别、身份证等）、个人特征（如婚姻情况、信用记录、行政处罚信息等）。个人身份认证的途径也有很多种，随着社交网络的发展，真实身份或许能通过社交网络的身份来进行证明。个人身份具有多重性这个特征，使得它需要大数据支撑。而区块链的可追溯性使得数据从采集、交易、流通，以及计算分析的每一步记录都可以留存在区块链上，使得数据的质量获得前所未有的强信任背书，保证了数据分析结果的正确性。

8.1.3 区块链＋新社会架构：提高身份认证效率

如果说 ShoCard 项目是开拓身份认证的新市场，那么还有一类区块链公司在挑战“旧市场”。其典型代表就是 BitNation，用户在其官网上通过区块链获得 BitNation“世界公民身份证”。然后凭此身份，获得 BitNation 自我认可的各种公民服务（如直接登记婚姻证明）。相对于现有模式，提高了记录效率和透明性。

BitNation（比特国）是由 Susanne Tarkowski Tempelhof 创立的一个将区块链技术应用到公民管理问题上的系统，其倡导无边界管理。2016 年 3 月，BitNation 使用以太坊智能合约编写了 140 行代码，建立了世界上第一个虚拟的无国界、去中心化的自治国家宪法。在该区域内，人们可以制定点对点协议、解决争端并通过声誉积极执行合同。

8.1.4 区块链＋身份认证接口：有效保护个人隐私所有权

通过建设身份认证接口可以保护个人隐私，用户不必在隶属于企业的网站上重复填写个人信息，大大提高了身份认证的效率。可是该接口储存的信息该由谁保管？有的项目给出的答案是国家（如 eID 项目）。许多公司试图通过区块链的分布式存储思想、使用不对称密码将个人信息存储于区块链，以保护个人隐私。

在“身份认证＋区块链”领域中，国外的研究者似乎走在了前面。上面提到的 ShoCard、BitNation 均为国外项目。区块链主要解决的是身份认证与信用问题，对于本质上是权力划分与归属问题的“信息孤岛”问题仍起不到根治效果，国内“身份认证＋区块链”应用的探索，任重而道远。

8.2 资格认证

CA（Certificate Authority）是数字证书认证中心的简称，是指发放、管理、废除数字证书的机构。CA 的作用是检查证书持有者身份的合法性，并签发证书（在证书上签字）以防证书被伪造或篡改，以及对证书和密钥进行管理。密码共识机制在这方面具有天然优势，因而在资格认证领域有广泛的应用前景。

8.2.1 HIberton 学校的学历认证

为了解决大多数雇主会面临应聘者学历造假而招到假人才的难题，2015 年，一个在旧金山名为 HIberton 的学校宣布使用区块链技术来为学生提供学历证书认证。该学院和一家名为 Bitproof 的企业建立了合作关系，Bitproof 是一家专注于使用区块链技术来提供文件认证的初创公司。

HIberton 学校或成为全球第一家使用区块链来建立公开透明学历记录的学校。毫无疑问，这对于学校和招聘方都有很大的有利作用。一方面，有助于学校为企业输送其所需的专业人才，促进学生就业并得到用人单位的认可；另一方面，有利于企业提高招聘效率和招聘质量，快速放心地找到企业需要的人才。

8.2.2 伊利诺伊州医疗服务提供商资格认证

区块链应用于资格认证的另一个典型项目即是伊利诺伊州给医疗服务提供商进行资格认证。为了启动这个项目，伊利诺伊州的区块链项目与位于田纳西州纳什维尔的医疗区块链创新公司 Hashed Health 进行了合作。

通过一个试点项目，他们将共同探索改善伊利诺伊州医疗资格证书的各种方式。其理念是使用基于区块链的注册列表来简化医疗凭证数据和智能合约的共享，从而把多州和州际许可的相关工作流程自动化。

短期来看，这个试点将展示分布式账本技术怎样帮助伊利诺伊州降低许可流程的复杂性。长期来看，这是一种安全的隐私保护方式。在这种情况下，每个州的认证委员会可以更有效地管理全国范围内的各类认证。

8.2.3 麻省理工大学的学术认证

2016 年 6 月，麻省理工学院媒体实验室（MIT Media Lab）使用比特币区块链进行了认证测试。在进行了一年多的研究和开发后，该高校发布了数字学术认证开源标准 Blockcerts。

Blockcerts 是使用比特币区块链开发的数字公证项目，是一个开源的区块链证书，可以用于学术资格证书、专业证书和劳动认证。Blockcerts 作为开源的软件应用允许任何个人用不可更改的方式来控制他们的证书。通过将其应用放置在比特币区块链上，该项目创建了一个全新的信任基础设施，比特币的协议消除了复杂的第三方仲裁。

MIT 媒体实验室解释道比特币区块链用一种永久、防篡改的基础设施信任取代了中心化的机构。而且数字账本是完全透明的，数据是公开共享的，可以用于验证目的。这给个人提供了他们自己的公证人，能够控制他们自己的记录。

8.2.4 深圳沃通的电子认证服务

沃通电子认证服务有限公司 WoSign CA Limited（简称“沃通 CA”或“沃通 WoSign”）于 2002 年成立于中国深圳，是全球信任的权威数字证书颁发机构（CA 机构）及互联网安全应用服务提供商。

沃通 WoSign 提供全球信任的 SSL 证书、代码签名证书、客户端证书全线数字证书产品及相关应用服务，是国内通用性范围最广的数字证书产品，解决了互联网三大要素（服务器端、客户端、文档代码等传输文件）的在线安全与信任问题。

目前，沃通 CA 基于区块链技术的电子存证项目已获得深圳市政府的无偿资助。沃通 CA 作为具备电子认证资格的第三方公信力服务机构，天然具备账户托管的优势，可以成为实现智能合约交易的托管中心。同时，以认证机构为天然矿池开展工作量证明机制的分布式记账权竞争，有效地降低了工作量证明能耗的同时实现了分布式记账。分布式记账模式的建立，解决了 CA 中心的中心化问题。

8.3 个人征信

在金融体系中，征信是重要的金融基础设施，是信用体系建立和信贷交易发展的基础，具有准公共产品、规模经济和正外部性等特点。个人征信的核心作用是通过收集信用信息、信贷交易记录来降低金融系统中的信息不对称，为金融机构有效防范信用风险提供信息支持，从而降低金融机构和投资者的风险。

中国征信行业起源于 20 世纪 20 年代，由上海兴信社创办。1932 年 6

月 6 日，中国征信社成立，至今已有 80 多个年头。

8.3.1 密码共识机制 + 个人征信

近年来，互联网技术与个人征信的融合发展较快，目前主要有三种模式，分别是上海资信牵头具有国资背景的征信模式；阿里、腾讯等依托供应链建立的征信模式；宜信、陆金所等网络借贷机构建设的自我服务征信系统。

虽然互联网征信开始出现爆发性增长，但不同征信平台之间数据分割、系统兼容性差，征信机构有效数据积累不足。长期以来，由于征信数据流通方、加工方、使用方的分离，征信数据二次交易没有手段稽核及管控、无法实时校验授权真实性的原因，征信数据交易授权长期还停留在纸质协议的手段上，在技术层面并没有过多进展。

密码共识机制的发展使得这一领域产生了新的突破。由于其交易公开透明、安全可靠、难以篡改，并且自带时间戳属性，将密码共识机制用于征信数据交易授权具有可行性。借助于密码共识机制，由数据供方对征信数据需方授权。数据采集与加工的过程中，可以对授权文件进行同步流通与校验，从而实现实时校验授权真实性、二次交易稽核及管控的目的。

密码共识以分布式存储、点对点传输、区块链、共识机制与密码算法等技术，屏蔽了底层复杂的连接建立机制，通过上层的对等直联、安全通信和匿名保护，可以帮助多家征信机构实现在数据资源不泄露的前提下的数据多源交叉验证与共享，根本解决信贷客户多头负债的问题，数据交易成本、组织协作成本也将大大降低且有利于打破行业坚冰。

不仅如此，密码共识基于数据确权，重构了现有的征信系统架构，将信用数据作为区块链中的数字资产，将有效遏制数据共享交易中的造假问题，保障信用数据的真实性。基于区块链的征信数据共享交易平台，有助于解决传统征信业的痛点，掀起征信业创新性的革命。

8.3.2 信链：去中心化征信平台

随着现代社会正式进入信息化时代，“海量数据”成为时下企业的命脉，因此许多企业的商业模式都是向用户提供免费的内容或服务，从而换取用户的使用数据甚至是个人资料。但被企业搜集的这些信息往往游离于我们视线之外。用户失去个人信息的控制权，包含数据可迁移权、数据可删除权、数据使用知情权等这些被法律保障的权利。

成立于 2016 年 11 月的北京魔镜科技公司主研基于区块链的下一代存储服务，其产品信链是一个成本低、无边界、具有自主可控性能的去中心化数字信用共享生态系统。在密码共识机制下存储的数据具有不可篡改、去中心化、自证其信、非对称密码等特性，信链能有效解决上述私人信息安全问题。

信链主要帮助小贷公司等传统金融机构在确保自己的客户信息及商业机密不泄漏的基础之上，对用户的信贷记录进行共享并获取一定的收益，有助于传统征信机构消除冗余数据进而提升数据的可信度与可复用性，再立足点对点交易而减少经营成本，精简中介环节，构建一个多方对等参与的价值共享生态，扩充组织边界及业务规模，进而推动传统金融机构实现向金融科技的转型。

信链的“数据保险箱”服务具有安全性、隐私性，能保障用户对于自己存储的数据具有数据可迁移权、数据可删除权、数据使用知情权三个特性，同时具有更高的可靠性和更低的成本。

虽然区块链可以在征信的数据共享交易领域着重发力，如面向征信相关各行各业的数据共享交易，构建联盟链，搭建征信数据共享交易平台。但是，区块链也存在私钥丢失或泄漏、用户数据“被遗忘”、现有信息系统管理建设条例和征信监管体系等不适应的问题，区块链应用于征信领域的实践之路仍需探索。

8.4 版权保护

在确认主体身份的基础上，密码共识机制借助于密码授权和区块链存证等功能，可以进一步对经济主体的知识或信息产品的确权和版权保护提供更有效的服务。版权保护也是近年来区块链落地应用的重要领域。

8.4.1 版权保护面临的主要问题

版权亦称“著作权”，指作者或其他人（包括法人）依法对某一著作物享受的权利。

在中国，版权自作品创作完成之日起产生，但是在主张权利、提起权利纠纷或诉讼时，还需要版权登记证明、其他版权登记部门、第三方平台登记备案或大众版权认证中心证明文件以及司法鉴定机构文件才能合理保护版权。

2017 年 1 月，国务院发布《“十三五”国家知识产权保护和运用规划》，知识产权规划首次被列入国家重点专项计划，各项版权政策陆续出台，为版权确认、保护和内容创造提供了良好的政策环境。随着大众的版权意识不断提升，版权确认和保护需求持续上升，版权产业规模不断扩大，但也面临一些难题。

1．版权登记程序复杂

虽然“版权自作品创作完成之时起自动产生”（依据《著作权法》的定义），但版权于何时、何地产生，由谁持有，却依然需要“被证明”。如何证明自己创作的作品其版权是属于自己的？

版权登记制度解决版权归属问题，每一位创作者将已完成的作品提交至各地版权保护中心完成登记，实现版权信息在公信力机关的备案。复杂的流程与冗长的周期，难以适应当今多样化的传播渠道和高时效性的传播手段，也给盗用者可乘之机，绝大多数创作者处于“侵权不期而遇，维权不了了之”的境地。

2．产品的中间版本缺乏保护

作品的雏形、草稿，尚处于未完成状态，算不上是完整的“作品”。然而，这些素材依然具有相当高的价值，其创作理念已经能够充分反映终稿的形态。但大量创作者却忽视了对这些材料的保护，为日后遭遇侵权时无法提供有效的创作证据埋下了隐患。建设一个为完整创作周期提供保护服务的平台，能够让创作者的利益得到更好的保障。

3．数字产品版权保护困难

随着信息的数字化、网络化程度不断加深，版权制品的载体逐步由传统的纸质稿件、实物作品转变为各种类型的数字化文档。互联网传播作为当前版权制品的重要传播途径之一，所占比例也逐年攀升。以数字化设备创作、生产数字化作品，并且使用互联网进行发布与传播，这一方式已经脱离了传统“登记制度”的适用范畴，需要有新的方式进行补充、完善。而且，数字化作品传播速度快，可复制程度高，进一步增大了创作者的维权难度。

8.4.2 密码共识加强版权保护

密码共识机制提供了密码身份、密码授权、时间戳、分布式账本、区块链等加强个人信息权属和信息公证的机制，已经成为版权保护领域广泛关注的解决方案，能够有效地解决版权的确权、用权、维权三大问题。

1. 优化版权确权流程

密码共识在版权领域的核心功能是对文字作品、影视、音乐和图片的版权确权，这是构建新型版权生态的基础。区块链技术将作品名称、权利人和登记时间等核心信息生成唯一对应的数字指纹，并将数字指纹封存于不可篡改的区块链数据中，实现版权信息的永久存证，以技术公信力和可信度对版权进行确权。

每一个作品的权属信息，经过哈希算法、非对称密码、时间戳技术、链式数据结构以及节点间的共识机制，最终在密码共识网络中生成唯一的、真实的且不可篡改的存在性证明。这一证明将通过整个区块链系统的可靠性为其背书，作为作品的权属证明。

将密码共识引入版权保护领域，提升了版权保护行为的便捷性，在降低了版权保护门槛的同时也扩展了版权保护所能覆盖的范围，让更多不同类型、不同阶段、不同层次的作品获益。提高了确权效率，作品的不同版本、不同阶段均可获得保护。

2. 提高版权使用流转效率

完善的确权是用权的基础。利用区块链的优势能够对版权的生命周期进行全流程追溯。由作品的产生开始，版权的每一次授权、转让，都能够被恒久的记录和追踪，不仅能够优化创作者对作品的管理方式，同时也能够为各类纠纷提供准确的司法取证。

通过与确权功能相配套并紧密结合的区块链交易平台，让每一个经过区块链登记的作品，能够在区块链上展示。作品在区块链确权时获得的唯一性信息——数字指纹、区块链地址、区块链时间戳等，能够在区块链版权平台随着作品样例的展示而得到公示，强化版权真实性，为作品交易的双方都提供更优质的保障。在交易完成后，版权的流转情况或者授权情况，将同步记录在我们的区块链系统内进行存证，对交易内容起到防篡改、防抵赖的技术保障。

在履约情况追查方面，伴随区块链而诞生的“智能合约”，将会是一种更自动化、智能化的解决方案。智能合约能够自动追踪履约情况、限制交易执行，非常适合产生、流转、消费过程短、频、快的互联网版权，契合了时代特征，让“用权”变得更简单与便捷。

3. 降低版权维权成本

明确的权利归属则是维权的前提条件。由于现阶段我国司法程序对于著作权纠纷遵循“谁主张、谁举证”的原则，这就意味着一旦侵权发生，创作者为了维护自身的利益就必须承担举证的义务。然而举证涉及两个方面，一是创作者自身对于作品拥有权利的证明，二是证明侵权行为切实发生的证明。

区块链在版权领域的应用能够帮助创作者更加高效地维护权益，提供了完善的解决方案。所获得的侵权证据能够被进一步提交至区块链系统实现证据固化，强化证据的有效性，形成不可篡改的电子证据。对创作者而已，更加简化的取证流程与更具主动性的侵权检测手段，不仅仅提升了维权的效率和效力，更加能够激发整个社会对版权保护意识的进一步提升。

区块链版权领域达成了确权、用权、维权在应用层面的统一，让原本相互割裂、分离的各个过程能够通过区块链信息得到紧密联系。任何作品的数字指纹、区块链地址、流转记录、维权信息在区块链系统内具有唯一的、永久的证明，基于此，能够实现对作品“全生命周期”的集中化管理，这是传统分离式管理所不具备的优势。

4．构建新型版权生态

技术革新通常会推动产业革新。便捷的确权、用权、维权，所获得的效果并不仅仅体现在确权方便了，用权可靠了，维权有效了。当版权服务得到了整体性的提升，从各个方面得到优化升级，最终将使整个社会对于版权保护服务的意识、能力和态度呈现一种链式反应，促进整个版权生态的不断健全。

8.4.3　案例：纸贵

西安纸贵互联网科技有限公司（简称纸贵）成立于 2016 年 7 月，从事区块链版权服务。2017 年 7 月纸贵建立起了确权、维权、IP 孵化和 BaaS（Blockchain as a Service）四大板块版权服务，实现版权数据规模达到 500 万件，登记量突破 30 万件，其中包括贾平凹、潘朴、韩鲁文等文学大家的原创作品。

同时，纸贵还与西安交通大学共同设立了全国首个区块链技术与法律创新研究实验室，正式建立科技区块链硅谷实验室。纸贵启动与优客工厂及其旗下品牌所有场地的入驻企业提供专业的知识产权服务，如著作权登记、区块链版权存证服务、媒体链平台等。

8.4.4 案例：Blinded

Binded 公司原名 Blockai，该区块链公司位于美国旧金山。2017 年，Binded 确定将业务重点从技术转移到具有法律效力的记录创建。获得了首笔 55 万美元的融资以后，Binded 又得到了来自日本报社 Asahi Shimbun、游戏公司 GungHo 创始人 Taizo Son 的公司 Mistletoe、M&Y Growth Partners、Tokyo Founders 基金会、Vectr Ventures 风投以及 Social Starts 的总共 95 万美元的融资。

Binded 希望通过在区块链上记录永久有效的版权来方便内容创建者保护自己的知识产权。目前 Binded 的应用对象主要是艺术家、摄影师和其他艺术工作者。

Binded 计划通过人工智能来为有版权的作品创建独特的指纹来保护版权，并确保艺术家获得应得的报酬。和直接在版权局登记相比，Binded 的服务所需费用和时间都更少，但同时能够创建一种独立的、存在法律效力的记录。

Binded 的版权注册永久免费，在 Blockai 平台上，你只需要简单的一个鼠标拖放动作就可以进行作品注册，并获得对应的版权证书。如果之后有人不经允许复制你的作品，你就可以给他发送一份版权证书来警告他。

8.4.5 Primas

Primas 脱胎于区块链内容版权保护项目“原本”，这是国内最早从事区块链内容版权保护的项目之一，经历了从提供基于联盟链的企业级解决方案到开发协议层全生态体系的重要转型。

基于“原本”项目近 4 年提供区块链版权保护解决方案的技术经验及

资源累积，Primas 尝试构建一个分布式内容协议 DTCP（分布式可信内容协议），核心在于为所有的内容发布者提供一个统一的创建内容元数据（例如作者、创建时间、版权方、授权规则等）的标准，并且将内容元数据上链，从根源上明确内容版权信息和授权转载规则，提高确权及授权效率，大幅度提升网络内容的可信性和可传播性。

在 DTCP 协议层上构建首个同名应用 Primas，是一个去中心化的内容社区，通过社会化推荐激励的方式帮助用户发掘更加优质的内容，并且加强原创作者和对社区有贡献的读者的经济回报。

Primas 主体架构有三层：上层的 DApp，中间的协议层和底层的公有链。其中，底层的公有链能够支持切换，目前选择在以太坊上作为底层公链，IPFS 上进行内容存储。Primas 的核心是打造分布式可信内容协议（DTCP 协议），创建内容元数据（如作者发布时间等）的标准。通过区块链技术为内容生成不可篡改、不会丢失的唯一数字身份，保证内容元数据的真实可靠。Primas Node 作为承载协议层的特殊连接层，向上对接多种类型的 DApp，向下连接不同的底层公链。

8.4.6 INK

INK 与 Primas 的发展历程非常相似，2016 年着手区块链内容版权联盟链的开发，提供企业级解决方案。从 2017 年 4 月开始，加入区块链公链生态，并从国内市场走向海外市场。现阶段，INK 团队重点争取海外政府相关金融牌照，搭建全球文化资产交易平台。

INK 初始期基于 Qtum 公链创建文化资产交易 Dapp、发行 INK。现阶段，INK 通过自主研发的跨链交互协议，可实现将其交易平台搭建在 Qtum、

ETH 等多条公链及其主权联盟链上实现资产的跨链交互。

8.4.7 UIP

UnlimitedIP（UIP）是基于 EOS 公链打造的 Dapp。它向用户提供包括版权注册、授权、版权交易、收益权众筹及版权资产证券化投资融资等系列服务，致力于创建一体化的内容服务平台。UIP 现阶段的核心发展策略立足于文娱行业资源积累，在国内重点打通与政府部门的合作，推动建设区块链版权注册的法律地位。海外策略与 INK 相似，重点在于实现文化垂直领域交易所。目前 UIP 平台已签约东野圭吾和 Teddy Zee。

8.4.8 Monegraph

Monegraph 是利用区块链技术构建的一个可以让各类数字创作者构建商业用途数字产品的许可证平台和创意工作室。该系统简化了许可、付款处理、媒体处理和工作分配，为创作者提供了一切所需的业务，让创作者获得应得的报酬。Monegraph 将艺术家、摄影师、设计师和插画家于收藏家、出版商、广告商和品牌合并在一起，使任何人都能够直接购买和销售完全授权的产品。

创作者在手机上或者网络上单独或者批量传输任何类型的文件，最终都会上传到比特币区块链上，同时，创作者可以选择合同模板来设置媒体商业用途权力的条款，平台目录也可以显示产品的分销市场和使用人群。

Monegraph 还积极与创作者、出版商和机构合作制作定制项目，让所有愿意参与的人都能参与到区块链技术中。

8.4.9 “我想我享”与中国平安的 10 亿元保额计划

2018 年 5 月 10 日，麦粒资本与中国平安保险合作签约仪式在杭州顺利举行，双方就“我想我享”平台关于知识产权保护的商业保险部分签署了合作协议。“我想我享”平台将推出首轮 10 亿元保额，为“我想我享”平台上所有优秀的作品、方案、创意等知识产权提供保护计划。本次合作中国平安提供专属的保险产品，服务于“我想我享”平台的知识产权保护模式，这种“区块链技术+商业保险”的共同保护知识产权模式在国内尚属首次出现。

8.5 信息交易

随着互联网的高速发展和信息技术的普及应用，各个行业和机构所产生的数据呈爆炸性增长，对于全社会来说，这是一个在不断膨胀的巨大宝库。但是在数据量呈几何级数增加的同时，巨头对数据的垄断和机构间信息孤岛的情况也亟待破局。“将数据交换起来”，这背后蕴含着巨大的生产效率提升空间和商业价值。

8.5.1 信息交易领域的痛点

1. 数据信息沉淀问题

目前市面上常的数据交易平台（或称数据交易所）都有“数据沉淀”的行为，数据沉淀指的是原本数据交易平台本身是没有数据的，通过代理销售数据源的数据，以 API 接入的方式对外提供服务，销售缓存条，慢慢就形成一个较大规模的缓存数据库，今后销售同条数据不再请求数据源，而是数据交易平台从缓存数据库中读取并销售。这样的方式意味着数据源在一个平台同条数据只能销售一次，不仅侵蚀了数据源的利益，而且数据确权和追踪溯源都无法保障，更严重的是很多数据交易平台的安全意识较薄弱，缓存数据库往往会被黑客盯上后被窃取，造成数据泄露。

以互联网金融领域为例，金融履约数据的数据交易交换需求非常强烈，但如果有数据交易平台沉淀他们的交换数据，则是所有互联网金融公司所担忧的，如果未来有一天，这些数据交易平台自己做贷款或融资，等于银行业培养了一个最大的竞争对手。由于金融履约数据往往涉及个人敏感数据，如果让数据交易平台沉淀数据后随意买卖或者造成数据泄露，后果则非常严重。

2. 不注重个人隐私保护的问题

我国征信法中至今仍有许多重要的问题尚未形成统一的认识，尤其是个人征信体系法问题还存在很大的争议，如个人隐私的范围界定、征信公司的资质审核等，因此对个人隐私保护除了要有法律法规配套还需要持续性的监管。在这一切都还没出台之前，所有的数据交易市场，涉及个人隐私的数据根本没有得到本人的同意就已经被随意买卖，再加上近年互联网金融的爆炸，直接带动了个人数据的爆炸性交易，这背后是巨大的市场规模。

3. 数据信息新鲜度不高和造假问题

以互联网金融履约数据为例，目前已有的数据交易平台或数据公司因为都存在“数据沉淀”问题，所以一般的金融服务公司都不会直接为这类数据交易平台提供数据源，更何况很多的数据交易都不注重客户授权，所以数据源都不敢提供实时数据给数据交易商，可能拿到的是个别年份或者几年前的数据，所以造成了数据新鲜度不高的问题，甚至很多数据更是直接来自于市场倒卖，在这样来源不明的背景下销售的数据总让人觉得数据有造假嫌疑。

8.5.2　密码共识重构信息交易体系

密码共识机制的出现使得信息交易领域存在的问题，有了新的解决方案。

（1）密码技术使信息产生者都有了数字身份，能够对信息进行密码和授权。

（2）区块链为信息提供了一个难以篡改的信息载体。

（3）内生代币为信息的生成或供给提供了经济激励。

（4）内生代币为信息的交易提供了更加便捷的价值媒介。

（5）可流通的内生代币为整个系统的建立提供了融资支持。

通过以上环节，信息的形成、传播、交易、使用、反馈等成了一个完整的商业循环，从而使信息的价值得到更加充分的实现，带来自互联网诞生以来信息经济的又一次质的飞跃。公信宝是国内较早用密码共识机制提供较为完整的信息交易体系的项目，为我们理解密码共识信息交易体系提供了很好的案例。

8.5.3　公信宝的基本功能

公信宝成立于 2016 年 8 月，它是一个基于石墨烯技术构建的底层公链，运用完整的密码共识机制，试图“基于区块链建立可信任的全领域数据交换价值网络”，提供面向个人的信息管理与共享服务、面向企业的去中心化数据交易所、面向开发者的 BaaS 服务。

1. 面向个人用户的管理与共享服务

公信宝面向个人的服务主要通过去中心化应用（Dapp）布洛克城实现，个人可以在这里登记一个数字身份，目前登记“总人口”达到 168 万人。个人上传个人信息可以获得代币 GXS 奖励。

据称，用户个人信息将会加密存储于区块链，应用本身并不缓存用户信息，从而不会泄露用户隐私。借助于区块链，虚假信息和作恶行为会被记录在区块链上，提供虚假信息或作恶行为的主体的信誉将会恶化，逐渐形成信任孤岛，这种机制将鼓励人们提供真实信息，自觉维护系统安全。

2. 面向企业的去中心化数据交易所

公信宝数据交易所是一个通用的去中心化数据交易平台，是基于公信宝底层公链的首个大型商业应用。公信宝数据交易所具有不缓存沉淀数据、保护个人隐私、保护数据版权、有效遏制造假以及支持双向匿名交易等特点。

去中心化数据交易所面向的典型客户为互联网金融领域的网络贷款、汽车金融、消费金融、银行等有数据交换需求的企业。同时也积极拓展在政府、保险、医疗、物流等垂直领域的数据交换，以去中心化思维解决了各个行业的数据安全交换和流通等环节中一直没有解决的诸多核心信任问题。

3. 面向开发者的 BaaS 服务

公信链还提供一些如存储和验证类 BaaS 接口的支持，开发者根据丰富的 BaaS-API、数据交易 API、原生 API 开发出充满实际价值意义的区块链应用。与其他公共区块链相比，基于公信链开发的应用拥有各行业的数据支持，让开发者做出更有实际价值的商业应用。公信链上有数字资产的发行标准，允许开发者自由发行和流通应用。公信链以及相关代码已经在 GitHub 上完全开源。

8.5.4 公信链（GXChain）的共识机制

公信链使用 DPOS 和 POCS 来实现区块链记账和数据交换的共识机制。

DPOS（Delegated Proof of Stake）机制，源自于首现于 BTS 上的石墨烯技术（Graphene），中文名叫作股份授权证明机制（又称受托人机制），它的原理是让每一个持有代币的人进行投票，由此产生 101 位代表，系统不需要竞争记账，而是由这 101 个代表轮流记账，如果代表不能履行他们的职责（当轮到他们时，没能生成区块），他们会被除名，网络会选出新的超级节点来取代他们。系统每 3 秒记一次账（即产生一个区块），据称平均每秒可处理 10 万笔交易。

POCS（Proof of Credit Share）机制，是公信链自主设计开发的共识机制，中文名叫作信用贡献证明机制（又称共享交换平衡机制），来解决数据体量悬殊企业之间的共享交换不平衡问题。联盟成员每完成一笔数据交易，则计算一次 POCS，贡献比根据买卖次数计算，并参与数据交易手续费的计算。POCS 低的联盟成员，将会付出比基准手续费更高的费用换回数据，POCS 高的联盟成员将会付出比基准手续费更低的费用换回数据。

8.5.5 GXS的经济模型

GXS是公信链上发行流通的代币的名称，它用来激励参与者在系统内的行为，并且为系统内的交易提供价值媒介。

8.6 会计审计

密码共识机制提供了新的交易信息记录模式，为经济活动的会计和审计提出了新的要求，在很大程度上减轻了信息不对称和代理问题，从而为会计审计带来革新的机遇。

8.6.1 区块链重建财务会计信息系统

信息技术对财务与会计的改变始终存在。其中，既有对工作的改变，也有对岗位的替代。仅仅三十多年时间，手写凭证、手写账簿、提取现金发放工资等工作已经基本实现信息化。

在手写凭证、手写账簿、现金收支等管理活动中，与现金短款、现金失窃、账簿销毁、实物资产盘盈盘亏等会计基础工作薄弱有关的管理漏洞时有发生。但这些管理漏洞在现行的信息技术环境下已经比较少见。

区块链技术对财务与会计活动的改变，将从以自主管理理念重构企业的财务会计信息系统开始。这个信息系统将有两个细分目标：

一是一定程度的去中心化；

二是一定程度的去管理化。

无论去中心化，还是去管理化，原则上都要实现自主管理，尽量减少人的管理干预，让信息系统自动获取和自动处理数据。以往之所以需要建立无比复杂的财务与会计管理制度，很重要的原因是出于对人的不信任。在非诚实性假设下，需要用复杂管理体系保证可靠性。在诚实性假设下，自主运行就可以提供可靠性。所以，在区块链技术与理念下，理想模式是建立一个自主管理的财务会计信息系统，也可以称为财务会计信息系统的自动化模式。

财务会计信息系统的自主管理模式能否实现的关键制约因素有两个：

一是可否改革管理授权；

二是能否连接企业内外部信息系统。

如果可以连接，那么将来只要有合法交易发生，相关数据就会从外部信息系统流入企业的内部信息系统，不再需要经办人员或财务人员填制电子单据，而是由信息系统自主报账和自主生成账本，财务人员的作用是辅助和监督计算机完成这一过程。这是完全意义上的自主记账模式。

与区块链相比，现行 ERP 系统下财务会计信息系统的局限性主要体现在两个方面。第一，核算业务依然要通过管理授权机制才能进行。第二，主要作用不在于自动制证，在于以信息化替代手工账，突出表现就是会计核算工作前移。

8.6.2　管理会计应用区块链

分布式记账可以对交易的原始数据进行记录、复核和处理，其在完整性、真实性、准确性等方面的优势将为高级会计人员提供更为及时、准确、清晰的基础财务信息，有助于提升管理会计的分析质量，进一步促进企业改进经营策略。

在管理会计中应用区块链技术，实际上是利用了基本的区块链分布式账本。基于区块链技术的分布式账本，是在区块链的技术规则下形成多个机构组成的账本网络，该账本利用哈希算法并通过协作维护数字分布式记账，同时允许不同地理位置多个站点的用户进行交易、资产等智能数据库的分享。区块链技术实现了账本的公开和透明，既保障了账本信息和资产的安全性和准确性，又降低了财务风险和交易成本。在互联网环境下，企业利益相关者被看作是价值的共创者。

作业成本管理（ABCM）是一种以增加企业的利润、提高客户的价值为目的，基于作业成本动因的新型集中化管理方法。这种方法先将企业的间接费用归集，然后按作业动因分配这些间接费用，计算出产品的总成本和单位成本，同时还对企业的所有作业活动进行追踪并动态反映，并进行动因分析、作业分析等成本链分析，最后为企业的管理者提供准确的决策信息。

作业是企业所完成的一系列任务的总称，也就是企业为了某种目的而进行的消耗资源的活动，类似的作业归集在一起构成了作业中心。作业成本管理的原理是，产品消耗作业，作业消耗资源，一项作业转移到另一项作业的过程，同时伴随着价值量的转移，最终产品是全部作业的集合，同时也是全部作业的价值集合。

区块链系统中的每一个区块相当于企业的一个作业中心，每一个区块中包含了区块头和区块体，区块头含有前一区块地址、时间戳、随机数、目标哈希值和 Merkle 根。区块体则是当前区块创建过程中生成的所有经过验证的交易记录，这些交易记录通过哈希处理生成 Merkle 根。区块链技术下企业的作业中心如图 8.1 所示。

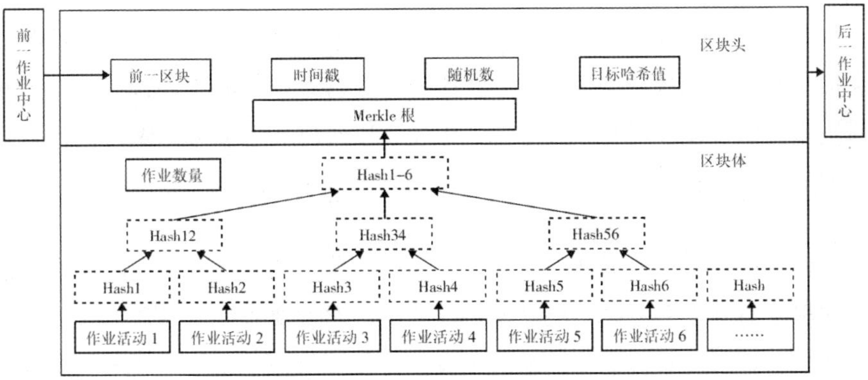

图 8.1 区块链技术下的管理会计作业中心图

作业成本管理能对企业所有作业活动追踪并进行动态反映，区块链也有这种功能，各个区块依次环环相接，区块转移时，既是一项作业转移到另一项作业的过程，同时也是价值转移的过程，最终形成区块链，从而记录了作业活动的全部数据，并能够提供区块链作业活动数据的溯源和定位功能，任意作业活动都可以通过链式结构顺藤摸瓜、追本溯源。

利用区块链技术进行作业成本管理，将管理的重点放在了成本发生的前因后果上，使得管理会计的分析由面向结果转为面向过程，因此提供的信息会更加准确，更有利于提高企业决策的效果和效率。

8.6.3 区块链审计

1. 传统审计业务的痛点

（1）时间滞后性。传统现场审计是对过去一段时间内会计信息进行监督和检查。由于时间上滞后，使得管账人员存在非法修饰或篡改会计账簿的可能，因而存在经营活动信息失真的风险。审计时间上滞后也使得监管部门未能及时发现被监管单位的违规违法行为，导致监管职能缺失。

（2）会计信息存储多样化随着信息技术在会计工作中的应用，财务处理信息系统已经代替手工做账，会计资料也因为财务处理信息系统的应用而呈现存储介质多样化，其中包含纸质、磁介质及光记录介质，对于电子数据的稽核、检查及校对已成为审计工作的重要部分。

（3）审计工作效率低。随着审计客户的经营业务逐渐发展，审计信息将变得日益庞大和复杂，如果现场审计中存在管理制度不完善、审计资源分配不足或者人员沟通不顺畅等问题，会导致审计工作质量低劣、效率低下甚至发生重大审计失误。

（4）审计覆盖范围具有局限性。依据统计学理论抽样方法在审计中普遍运用，是为了更好控制审计成本，提高审计效率，但审计抽样方法只能依靠数理统计理论整体评估交易数据的真实性，而不能对每一项交易数据的真实性进行核查。在审计工作中，审计人员为了考虑审计工作效率，审计人员只有在认为内部控制或企业管理规章存在薄弱环节时，才会对薄弱的环节进行细节测试。这种传统的审计程序过于片面，往往会遗漏审计疑点和审计线索，这样也会导致审计的经济监督职能、经济评价职能、经济鉴证职能的缺失。

（5）数据获取易缺失。当前，审计人员主要是通过对被审计单位数据库中的数据进行拷贝并进行数据预处理，但是在数据拷贝和数据预处理过程中，易造成数据缺失、丢失或损坏。

（6）电子数据易篡改，且无篡改痕迹。手工做账已被财务软件取代，使得会计资料的表现形式发生历史性变化，电子数据成为审计核查的主体。电子数据与纸质资料相比，易于篡改且篡改之后不会留下篡改痕迹，这使得审计人员很难发现，存在会计信息失真的风险。一旦电子数据经过缜密的非法修改之后，审计人员无法将修改的电子数据进行恢复，从而不能得到真实有效的审计证据。

(7) 数据安全性低。不管基于云技术还是财务共享模式构建实时审计平台，业务数据一直存在较大的安全风险。业务数据是被审计单位的核心机密，一旦中央数据库受到黑客的攻击，业务数据被大量泄露，被审计单位会有不可估量损失。

2. 基于区块链的实时审计平台

实时审计的实现需要利用信息技术来解决两大问题：第一，审计数据资料实时获取、处理和存储；第二，针对数据资料进行经营风险评价和审计异常预警。

利用区块链分布式存储结构实现数据资料实时获取、处理和存储，随着信息技术的快速发展，被审计单位的信息化程度不断加强，区块链去中心化的分布式存储结构能够在网络环境下对被审计单位的数据资料进行实时获取。

实时审计系统通过标准的数据传输接口，与被审计单位的财务处理系统互联，企业经营活动中发生的每一笔交易数据实时传输到区块链网络上，上传的交易数据经过全网节点的批准，存储到区块链上。

去中心化的分布式存储结构使得审计人员实时掌握被审计单位经营活动的一举一动。利用区块链技术的自治性和信息不可篡改的特性，可防止被审计单位私自篡改会计资料，保证被审计单位的数据资料真实可靠。

利用区块链应用平台在线实时进行经营风险评价和审计异常预警实

时审计在线进行监督和审查，需要借助信息系统应用平台的支撑，如图 8.2 所示，区块链应用平台包括财务处理系统应用服务层、区块链技术资源层、实时审计应用服务层及实时审计访问层。

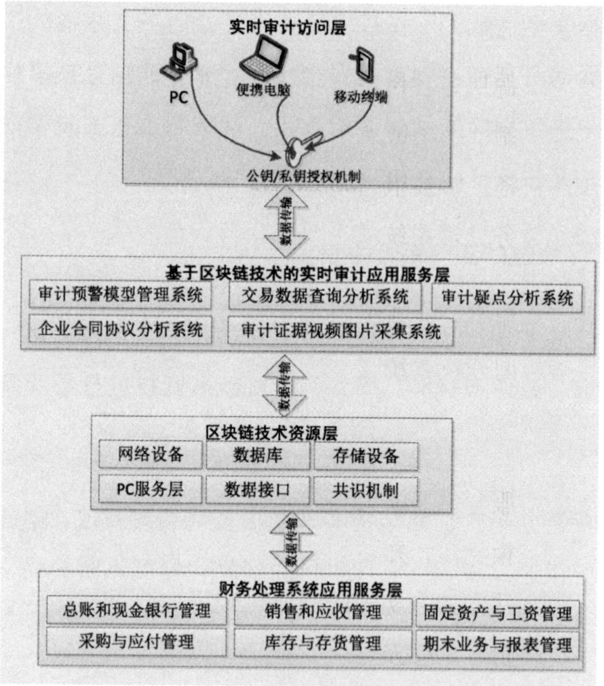

图 8.2　基于区块链技术的审计平台

财务处理系统应用服务层包含总账和现金银行管理、销售和应收管理、固定资产和工资管理、采购与应付管理、库存与存货管理及期末业务与报表管理。被审计单位每发生一笔交易都会通过财务处理系统应用服务层上相应子系统处理，并将交易数据通过数据传输通道发送到区块链技术资源层。

财务处理系统应用服务层是区块链应用平台的数据接收器，并且在设计财务处理系统应用服务层时，开发人员就已经统一数据格式、数据类型及数据范围，使得在向区块链资源层实时传输交易数据时，不需要对传输数据再一次进行数据清洗，从而避免因数据清洗发生数据丢失、缺失或错误的现象。

区块链技术资源层包含网络设备、数据库、存储设备、PC 服务层、数据接口及共识机制。区块链技术资源层是区块链应用平台的基础，由硬件和软件组成。它将存储被审计单位的交易数据，并上下协调在线实时审计应用服务层和财务处理系统应用服务层之间的数据传输、存储和交换。

实时审计应用服务层包含审计预警模型管理系统、企业合同协议分析系统、交易数据查询分析系统、审计证据视频图片采集系统及审计疑点分析系统。

实时审计应用服务层是实时审计实现的最重要一部分，实时审计应用服务层是一个带有模型库、知识库及数据分析功能的决策支持系统。实时审计针对企业经营活动的真实数据，通过数据的分析挖掘、审计模型的预测及知识库客观评价，从而及时发现审计疑点或审计线索。

在企业日常的经营活动中，发生的每一项经营业务都需要满足商业规则，其中商业规则可包括企业会计准则、企业内部控制应用指引、经济法、公司战略决策等。实时审计是通过把一些商业规则转变成计算机可识别的结构化数据，并通过 IT 编程技术人员的设计，使得实时审计可带有触发性质的预警。如果在经济活动发生过程中，企业发生违法或违规的行为，实时审计应用系统都会及时触发预警。

实时审计访问层是从审计单位的角度，在互联网环境下利用 PC、便携电脑或移动终端登录区块链应用平台，对被审计单位进行监督和检查。

由于区块链应用平台基于区块链技术而实现，所以在访问层登录时受到授权机制的保护。授权机制是指系统根据登录角色的不同，分配不同的登录权限，只有通过对公钥和私钥的验证，登录人才能有权浏览相关权限下的信息。

3. 德勤的区块链审计

德勤运用自身开发的区块链平台 Rubix，构建了全球分布式账簿 Deloitte's Perma Rec，通过与企业 SAP、Oracle 等财务系统对接，实现了购销过程的透明。同时，革命性地实现了实时审计，能够在账簿范围内进行审计全覆盖、实时合规性监控与自动化税务合规申报，显著提升用户方、会计师事务所以及监管方的整体绩效。德勤应用区块链平台 Rubix 目前主要提供四项服务，包括交易对手确认、实时会计和审计、土地登记、忠诚度积分等。

9

密码共识在物流、物联领域的应用

人类的经济活动总体上是人们组织起来一同改造物的世界，满足自身需求的过程。密码共识机制对世界经济的改造直接作用于对人的组织，但也会深入到物的生产、物的流动和物的联系中。因为，经济活动中的物最终以满足人的需求为目的，物的生产和流通跟人的组织紧密结合，人的组织方式也将决定物的生产和流通效率。

在涉及物的经济领域，密码共识机制也能发挥重要作用。我们重点考察两个方面的应用，一是较为传统的物流领域的密码共识应用，二是新近出现的物联网领域的密码共识应用。这两个领域结合紧密，实际的应用案例常常跨越这两个领域。

9.1 物流系统与物联网应用密码共识的逻辑

9.1.1 密码共识在物流领域的应用逻辑

现代物流管理是建立在系统论、信息论和控制论的基础上的。密码共识在物流领域可以实现的功能主要如下。

（1）参与各方的身份数字化

物流往往涉及较多的当事方，比如物主、承运人、检验者、收货人等等，利用密码技术的公私钥可以给各方独立的数字身份，便于物流过程的数字化。

（2）物流信息的签名与验证

基于公私钥建立的数字身份，各方可以对自身产生或检验的信息进行签名，相关方面可以进行验证，以确定责任方，建立责任明确的信息来源。

（3）物流信息的授权使用

借助于密码技术，各方形成的信息可以经过加密解密的操作，授权给特定的人使用，既能保障信息安全，又能满足各方信息需求。

（4）物流信息库的分布式构建

物流行业在整个物品传输流程中产生信息的主体较多、频率较快，借助于分布式账本和区块链技术有助于各方参与分布式构建共同的数据信息库。

（5）物流信息的防伪与共识

借助于区块链和证明机制，分布式构建的物流信息库能够实现有效的防篡改，有助于建立各方共识。

（6）物流信息生产、验证与分享的经济激励

密码共识机制可以提供物流系统内部的通证激励机制，其发行能够紧密结合物流信息的生产、验证和分享，也可以作为流通媒介，鼓励各方积极公平地进行信息的交易。

（7）物流交易的智能执行

在以上逻辑基本实现的基础上，通过构建智能合约，物流各方能够在整个物流经济系统中运用智能合约，更加智能化、自动化地实现物流的各种功能。

9.1.2 密码共识在物联网领域的应用逻辑

物联网（Internet of Things，缩写 IoT），根据国际电信联盟（ITU）发布的 ITU 互联网报告的界定，是通过射频识别（RFID）（RFID+互联网）、红外感应器、全球定位系统、激光扫描器、气体感应器等信息传感设备，按约定的协议，把任何物品与互联网连接起来，进行信息交换和通讯，以实现智能化识别、定位、跟踪、监控和管理的一种网络。简而言之，物联网就是“物物相连的互联网”，其具有智能、先进、互联三个重要特征。

通过物联网可以用中心计算机对机器、设备、人员进行集中管理、控制，也可以对家庭设备、汽车进行遥控，以及搜索位置、防止物品被盗等，类似自动化操控系统，同时通过收集这些小事的数据，最后可以聚集成大数据，包含重新设计道路以减少车祸、都市更新、灾害预测与犯罪防治、流行病控制等社会的重大改变，实现物和物相连。

物联网很大程度上可以成为密码共识应用的基础设施，但密码共识应用于物联网领域也能够有效推进物联网发展。

（1）物联网构建密码共识应用的基础设施

密码共识机制主要通过互联网在大规模的经济活动中建立起有效的经济组织，主要是解决人的组织问题。但在经济中，还存在人与物的组织和物与物的组织，这需要将物（设备）连接起来，并接入互联网体系。这就是物联网的基本功能。因此，物联网的建设对于密码共识机制深入到经济各领域具有基础性作用。

（2）密码共识为物联网提供激励机制

密码共识机制应用在物联网领域的一个重要功能在于提供内生价值

——通证，使设备所有者有动力实现设备的互联。设备所有者通过设备互联，提供有价值的信息传递能够获得价值激励。

（3）密码共识为物联网提供交易机制

密码共识提供的通证系统能够为物联网建立内生交易媒介和交易动力，形成各种资源与信息的交易市场，使得物联网系统不仅仅是物理系统，而是一个经济生态。

（4）密码共识能提高物联网信息质量与传递效率

受到经济利益驱动，在密码共识改造的物联网系统中，各方经济行为的价值更容易被识别和验证，从而减少了经济外部性，能够有效地提高信息质量与传递效率。

（5）密码共识为物联网提供融资机制

物联网系统的建立和应用需要具有一定的规模，这给行业一个很高的进入门槛。密码共识的通证系统具有融资功能，能够使创业企业能够在早期获得必要的资金，迈过发展初期的资金门槛。

（6）密码共识为物联网运行提供智能合约

物联网系统设备之间存在频繁的智能连接和交易结算，在密码共识提供的内生货币和交易基础上，应用者可以根据具体场景设计更具应用性和多样性的智能合约，使物联网真正成为智能的机器网络。

9.1.3 物联、物流与密码共识的协同

在物流系统与物联网领域应用密码共识，还能够更加有效地将物流系

统与物联网紧密结合起来，形成智能、高效、低成本的经济系统。

（1）物联网为物流系统提供物理接口与物联系统

物流系统应用密码共识机制，尤其是在实现智能合约的过程中，需要对各种设备、自然环境的状态进行检测和反馈，采用传统人工方式成本高、效率低，是提高物流效率的瓶颈。物联网能够为物流系统提供物或设备的物理信息通道和网络系统。

（2）物流系统为物联网提供更丰富的应用场景

物流系统渗透到经济各领域，具有丰富的应用场景，物流系统接入物联网能够为物联网带来丰富的应用，从而带来巨大的经济激励，刺激物联网的发展。

（3）密码共识为物联网与物流系统构造高效经济系统

密码共识加入物联网和物流系统，将物的系统、人与物的系统同人与人的经济系统有机融合在一起，提供内生激励机制、内生交易机制、内生信任机制，将整个经济融为一体，并实现更低运行成本和更高运行效率。

（4）物联网和物流系统使密码共识应用拓展到经济全领域

物联网和物流系统采用密码共识机制，能够突破密码共识在解决人的组织问题上的局限性，使密码共识机制能够适用于人与物的交互领域，甚至物与物的网络系统，奠定了构建全球全领域密码经济系统的物的基础。

以下我们主要考察密码共识在云存储、物联网、防伪溯源、物流运输等领域的应用案例。

9.2 物联网

9.2.1 华为智能硬件

（1）Shuffle Site 智能照明

在 2017 年世界移动通信大会上，华为展示了携手施莱德联合设计的 Shuffle Site 路灯基站。Shuffle Site 是基于施莱德多功能 LED 灯杆 Shuffle 与华为室外小基站集成设计而成的。“基站＋灯杆”，该路灯基站不仅使新建站点 TCO 降低了 40%，将新建站部署周期由 6 个月降低至 1 个月，且能使用户体验速率提升 3 倍。从而可以帮助运营商最大限度地利用城市灯杆资源部署小基站以增强移动网络覆盖和容量，助力比利时智慧城市建设。另外，该路灯基站也集成了 Wi-Fi、摄像头、广告屏等功能。

（2）NFC 共享单车智能锁

华为的战略在于提供全场景的智能生活体验，以人们日常生活场景为入口，走进物联网大连接时代。2017 年 2 月，华为就与中国电信、ofo 小黄车共同签署了 NB-IoT 共享单车应用合作协议，推动移动物联网发展。2017 年 12 月华为首次推出一触解锁的 NFC 智能锁，只需将手机靠近 NFC 智能锁感应区，即可体验轻松秒开的快感。

9.2.2 中兴移动智能井盖

在遍布城市角落的井盖管理方面，为解决因井盖丢失、缺损、非法打开等情况导致的井盖吞人伤人事故，2017 年 6 月，中兴通讯和中国移动联合展示了一款市政物联网应用——智能井盖。该方案通过全方位监管井盖状态，在井盖被打开、移位等情况下，可实现及时警告，减少交通事故和安全隐患。

9.2.3 MTC

MTC Mesh Network 是通过蓝牙/Wi-Fi 等近场通讯实现机器与机器相互通讯的 Mesh 网络。Mesh 网络是每个节点都可以与一个或多个对等网络收发信息的无线网络。借助于 Mesh 网络搭建的物联网是设备与设备的去中心化物联网络。MTC 就是这种去中心化的 Mesh 网络实现协议，是基于密码共识的物联网基础设施。

MTC 是完全的开源项目，支持 iOS/Android/JS 等系统快速接入 MTC 网络协议，通过物联网机器与机器自身通信模块 BLE/Wi-Fi，实现点对点通信。我们身边所有的智能设备都能作为一个 Mesh 节点，只需 5 分钟就能让你的应用拥有 Mesh 网络进场通讯的能力，将物联网络建设成本降低 80%左右。

借助于密码共识机制，以往各自独立、中心化运行的物联网体系联系在一起，形成了一个去中心化的多层次网络体系，并且具有了经济的自组织能力，形成一个稳健的去中心化物联网经济系统。

9.3 共享云存储

云存储是近年来互联网迅速发展和移动带宽快速增大的产物，为人们的生活和生产提供了很大的便利。目前的云存储主要由中心化企业提供，存在费用较高和网络拥堵的问题。

2001 年美国的程序员布莱姆 · 科亨提出的点对点传输协议 BitTorrent 开创了点对点的去中心化共享存储新时代。但是，BitTorrent 虽然在技术上实现了去中心化共享存储系统，但缺乏相应的经济激励，人们在下载完成自己需要的文件之后，没有动力持续为他人服务，提供文件的上传服务。密码共识机智的出现有效地解决了这一问题，我们以迅雷的链克系统为例理解去中心化共享云存储的基本逻辑。

9.3.1 链克与玩客云

玩客云是迅雷发布的个人云存储硬件设备，被称为“个人云盘”，用户的手机、电脑、电视等多种智能设备可以远程存取玩客云上文件，达到扩充移动设备空间的目的。

链克是玩客云共享计算生态下的基于区块链技术的原生数字资产，它的产生过程与玩客云智能硬件、共享 CDN 的经济应用有强关联，必须通过玩客云智能硬件分享网络带宽、存储空间等资源来获得。在玩客云共享计算生态系统中，它将成为用户交换可共享计算资源的媒介，保证用户的权益和确保提供的计算资源对等。

玩客云提供了个人云存储硬件设备，而链克系统则将大家的玩客云连接成一个经济系统，提供必要的激励机制，让大家可以共享各自的空闲的存储空间和带宽，甚至可以将这些资源供给企业用户使用，为分享者带来收益。

链克采用密码共识机制的主要特征有三点。①链克基于共享经济云计算和区块链技术，通过智能合约，保证用户共享计算资源和内容的付出和收益对等，不可抵赖。②通过去中心化的账本记录，保证所有交易真实透明。③通过区块链登记用户版权和修改记录，保障用户的版权免受侵害。

9.3.2 链克的产生

链克系统是一个类似比特币的记账系统，“链克”由区块链挖矿产生，每 15 秒产生一个区块，每个区块奖励 285 个链克。每 2 102 400 块（约一年时间）奖励会减半。系统每天会根据用户所使用的玩客云的云计算能力及贡献，公平地记录用户的权益。

9.3.3 链克的功能

链克的主要功能包括如下。

（1）网络加速服务：游戏、视频、直播、下载等领域不断催生用户旺盛的网络加速需求，以迅雷为基础的 4 亿名潜在用户可使用链克兑换加速能力、提升效率，需求缺口巨大。

（2）云存储服务：可根据自己实际存储大小、时间、备份数量的需求，兑换所需要的云存储空间。

（3）共享内容服务：用户可凭借玩客云硬件获取或参与官方活动获取的链克，在内容分享平台上兑换其他用户发布的各项独有内容，享受互联网内容分发时代红利。

随着共享经济云计算和区块链技术的发展，链克会陆续呈现更多的应用场景。

9.4 防伪溯源

近年来，产品质量、品牌假冒等问题以及由此造成的社会信任问题成为社会关注的热点，密码共识机制在强化信任、防范信息篡改等方面具有突出优势，因此，防伪溯源被认为是密码共识落地应用的重要领域，也有了一些应用案例。

9.4.1 案例：京东品质溯源防伪联盟

京东全球购是全球首个在全链条采用区块链技术溯源的跨境电商平台。京东整合了提货、运输、仓储、清关和配送服务，打通了保税备货和跨境直邮两种形式的跨境电商供应链信息，形成了跨境物流领域的全链条服务。整个过程实现信息共享、全程透明，从而打造了一个“新链路、高品质、全透明”的跨境生态服务体系。

区块链所具有的数据不可篡改和时间戳的存在性证明等特质可以很好地支持商品的溯源防伪。在京东区块链防伪追溯网络的支持下，每一件或每一批次的商品在生产环节就开始信息的采集，直至交付到消费者手中。每一条信息都拥有自己特有的区块链 ID 身份证，且每条信息的各个片段都附有各主体的数字签名和写入的时间戳。京东区块链防伪追溯平台将提供全链条数据的校验接口，供消费者查询和校验各节点组合而成的端到端的商品追溯信息。

商品在品牌商处“诞生”那一刻起，通过区块链技术，它的身份信息就会被记录下来，包括进入海外仓、出口报关、国际物流、进入保税仓或直邮至中国海关口岸报单清关、国内分拣、京东自有物流配送、消费者签收等一系列流程，每一个商品的“旅行记录”都变得更加透明，以杜绝“偷梁换柱”和“以次充好”等现象。

京东区块链网络打通了品牌商到消费者的各环节信息采集，且区块链的数据签名和密码技术让全链路信息实现了防篡改、标准统一和高效率交换。正是因为全程追溯信息的实现，商品的真伪立辨，大大降低假货出现的风险。区块链技术的运用，让用户能够更加安心购物，再加上极速的物流、完善的售后服务等，大大提升了用户满意度。

9.4.2　案例：众安科技的区块链步步鸡

2017 年 12 月 21 日，众安科技首个区块链概念的特殊品牌步步鸡正式上市，在顺丰优选全平台首发。众安科技安链云输出全生态区块链技术，全程记录步步鸡从鸡苗入栏，到成鸡、经屠宰运输等，直至用户餐桌的全过程信息。区块链不可篡改的特点，保障了这些数据一经录入便不可修改。

安徽寿县茶庵镇步步鸡养殖整合了物联网、区块链、人工智能以及具有国际专利的防伪技术等，为每一只鸡都佩戴了物联网身份证——鸡牌。鸡牌能够自动收集鸡的位置、运动数据，并实时上传区块链。为了保证鸡牌不可复制，设备采用沃朴物联提供的防伪技术，结合了混沌学防伪、光学防伪等技术，完全做到一鸡一牌，拆卸即销毁。鸡牌如果被撕毁，数据将自动销毁，保证每只鸡的数据不能复制和造假。当消费者收到步步鸡时，只要用手机扫描鸡牌，便可看到所购鸡的品种、位置、成长轨迹、屠宰等信息，且这些信息不可修改，让消费者对鸡的养殖过程一目了然。

为了让鸡在足够优越的环境中成长，步步鸡养殖采用物联传感设备对养殖环境进行全方位智能监控，包括气温、空气湿度、污染物、土壤相关的指标如温度、湿度、鸡饮用水质等，辅助养殖户对饲养方式进行决策。同样的，环境传感器和区块链技术相通，环境传感器自动监测到的数据会自动上传到区块链上。

此外，众安科技的人工智能、机器学习等还实现了对步步鸡智能监测，通过对鸡日常生活的视频图像采集，并进行分析后可以实时判断鸡的健康和异常。步步鸡舆情分析系统还可以对相关部门发布的相关养殖病害情况进行实时监测，并分析当地养殖环境的相关数据，及时对疫情进行预警，有助于降低农户的养殖风险。

9.4.2 案例：蚂蚁金服做茅台酒的区块链防伪溯源

蚂蚁金服总体的区块链策略是以联盟链为主，核心是打造实现一个有自主产权的金融级及经济级区块链底层平台。2017 年年底，蚂蚁金服正式和贵州茅台进行合作，提供了关于国酒茅台的正品防伪溯源的基于区块链的服务系统。目前系统正在内线公测，预计 2018 年年底全部上线。

蚂蚁金服为茅台提供的区块链服务系统基于茅台酒瓶盖内 RFID 的防伪，包括新型设计的二维码、明码以及暗码、溯源码、纸张的设计。从物理绑定技术和区块链技术的绑定，实现了区块链物理商品可信的溯源服务。

基于区块链技术，所有信息一经记录，任何人无权篡改。如果茅台酒想勘误，或者任何第三方想造假，要想被网络认可修改，需要对全网成员对应的设备进行一一更改。如果这个网络是全球网络，那么意味着要修改数十亿个成员的设备信息，可能性几乎为零。一瓶茅台酒“生活”在阳光下，让假货无所遁形。

9.5 物流运输

在物流行业中，很多时候物流企业、物流信息平台以及司机三者的交易是一种网络陌生交易，商品的运输过程往往会出现很多问题，比如商品被误领、偷盗、信息泄露等问题。利用区块链技术，可以记录商品在运输中的所有环节，真实可靠地记录和传递资金流、物流、信息，确保信息的可追踪性，就可以避免快递丢失、误领等问题出现。

9.5.1 案例：天猫区块链跨境物流

2018年5月，阿里巴巴子公司天猫国际宣布其已成功将区块链技术整合到公司的跨境物流业务中。

据天猫介绍，其基于区块链的系统可以跟踪所有关于进口货物的相关信息，包括原产地、途经港口运输方式、抵达港口、海关报告、检验和第三方验证的详细信息。链上数据的不可篡改性和物流追踪天然具有可结合性，将这一特性应用在天猫国际的物流业务中，可以有效地提高系统的安全优势和可靠性。

据估计从上海、深圳、广州、天津等港口进口的超过3万件货物已经在区块链系统中登记，当这些货物从海外运到中国时，物流数据已经开始出现在区块链上。

9.5.2 案例：沙师弟区块链物流

沙师弟（重庆）网络科技有限公司与航天信息股份有限公司合作，引进区块链技术，力图强化自身平台优势，成为物流行业区块链技术应用的先行者。通过区块链技术，沙师弟可以记录货物从发出到接收过程中的所有步骤，确保了信息的可追踪性，从而可避免运输流程中突发问题的发生。除了提高效率之外，沙师弟运用区块链技术还将减少物流中间环节，极大地降低物流企业的工作流量，为物流企业降低成本。

在物流区块链应用的基础上，区块链能够进一步提升物流信息平台的第三方金融业务的安全性，增强其社会公信力，广大物流企业可以将企业的交易搬到物流信息平台上，完全不用担心其安全性、保密性问题，这就相当于物流企业拥有了一把独一无二的钥匙，能够放心享受物流信息平台的存款、贷款、投资、信托、租赁、抵押、贴现、保险等金融服务。

参考文献

[1] 龚鸣，区块链社会：解码区块链全球应用与投资案例，中信出版社，2016.08

[2] 梁斌，从“比特币挖矿”看区块链技术的共识机制，中国金融电脑，2016(09)

[3] 韩峰、长铗，区块链：从数字货币到信用社会，中信出版社，2016.10

[4] 黄步添、蔡亮，区块链解密：构建基于信用的下一代互联网，北京，清华大学出版社，2016

[5] 杨保华、陈昌，区块链原理：设计与应用，北京，机械工业出版社，2017

[6] 邹均、于斌等，区块链核心技术与应用，北京，机械工业出版社，2018.08

[7] 张铮文、达鸿飞，重构智能合约，https://neo.org/

[8] 胡明，智能合约和传统合约，https://www.jianshu.com/p/1d362ca60f03

[9] 天乐，比特币和它的“兄弟们”：分叉币系列大盘点，http://www.jpm.cn/article-47600-1.html

[10] Sergio DemianLerner、黄世亮（译），根链平台（RSK）——基于比特币驱动的智能合约白皮书（第 9 版），巴比特，https://www.8btc.com/

article/102593

[11] Juan Benet、郭光华（译），IPFS(中文版)-Content Addressed, Versioned, P2P File System(Draft 3)，https://gguoss.github.io/2017/05/28/ipfs/

[12] Satoshi Nakamoto, Bitcoin: A Peer-to-Peer Electronic Cash System, https://www.bitcoincash.org/bitcoin.pdf

[13] Block.one, EOS.IO Technical White Paper v2, https://github.com/EOSIO/Documentation/blob/master/TechnicalWhitePaper.md

[14] Vitalik Buterin, Ethereum: A Next Generation Smart Contract & Decentralized Application Platform, https://whitepaperdatabase.com/ethereum-eth-whitepaper/

[15] David Schwartz、Noah Youngs、Arthur Britto, The Ripple Protocol Consensus Algorithm, https://ripple.com/files/ripple_consensus_whitepaper.pdf

[16] Elastos foundation, Elastos: Smart-web Powered by Blockchain, https://www.elastos.org/en/whitepaper/

[17] David Vorick、Luke Champine, Sia: Simple Decentralized Storage, http://www.sia.tech/

[18] Protocol Labs, Filecoin: A Decentralized Storage Network, https://filecoin.io/

[19] Protocol Labs, Filecoin: A Decentralized Storage Network, https://filecoin.io/filecoin.pdf

[20] Johnny Dilley、Andrew Poelstra、Jonathan Wilkins、Eds, Strong Federations: An Interoperable Blockchain Solution to Centralized Third Party Risks, https://blockstream.com/liquid/

[21] Lisk,https://github.com/slasheks/lisk-whitepaper/blob/development/LiskWhitepaper.md

[22] Asch, A decentralized application platform based on side-chain technology v1.0.2, https://whitepaperdatabase.com/asch-xas-whitepaper/

[23] Jonathan Warren, Bitmessage: A Peer-to-Peer Message Authentication and Delivery System, https://bitmessage.org/bitmessage.pdf

[24] Hyperledger, http://www.the-blockchain.com/docs/Hyperledger%20Whitepaper.pdf

[25] Alyssa Hertig 、Captain Hiro（译），从三大争议性问题入手，瑞波币到底是不是加密货币？，巴比特，http://www.8btc.com/xrp-security-ripple

[26] 闫莺、陈洋，微软 Coco Blockchain Framework：一键解决企业级区块链三大难题，https://www.msra.cn/zh-cn/news/features/coco-blockchain-framework-20170811

[27] Kent Wear、大愚若智（译），微软发布面向企业区块链网络的 Coco Framework，http://www.infoq.com/cn/news/2017/08/Coco-Blockchain